I0820983

¿Sabías qué?
Océanos

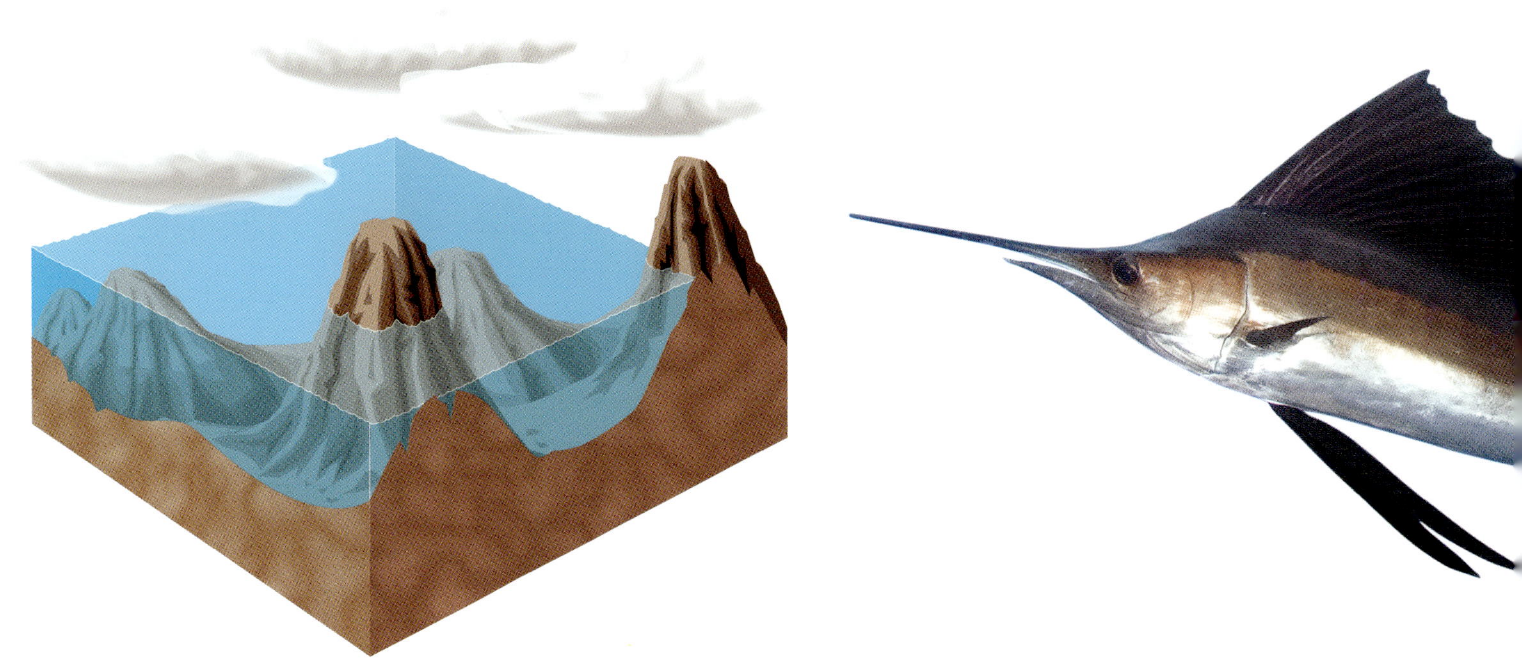

¿Sabías qué? Océanos

Steve Setford

Textos Steve Setford
Asesoramiento Derek Harvey
Ilustración Dan Crisp

DK LONDRES
Edición sénior Marie Greenwood
Edición sénior de arte Ann Cannings
Edición ejecutiva Jonathan Melmoth
Edición ejecutiva de arte Diane Peyton Jones
Edición de producción Dragana Puvacic
Control de producción Magdalena Bojko
Diseño de cubierta Ann Cannings
Coordinación editorial Issy Walsh
Subdirección de arte Mabel Chan
Dirección editorial Sarah Larter

DK DELHI
Edición sénior Roohi Sehgal
Edición de arte sénior Nidhi Mehra
Edición de arte del proyecto Kanika Kalra
Edición de arte Bhagyashree Nayak
Edición ejecutiva Monica Saigal
Edición ejecutiva de arte Romi Chakraborty
Diseño de cubierta Dheeraj Arora
Diseño de maquetación Dheeraj Singh, Syed Md Farhan
Dirección CTS Balwant Singh
Dirección de producción Pankaj Sharma
Documentación iconográfica Sakshi Saluja
Dirección creativa Glenda Fernandes, Malavika Talukder

De la edición en español:
Servicios editoriales Tinta Simpàtica
Traducción Anna Nualart
Coordinación de proyecto Helena Peña
Dirección editorial Elsa Vicente

Publicado originalmente en Gran Bretaña en 2022
por Dorling Kindersley Limited
DK, 20 Vauxhall Bridge Road, Londres, SW1V 2SA
Parte de Penguin Random House

006-325905-Sep/2025

Título original: *Why? Ocean*
Primera edición: 2025

ISBN: 979-8-2171-2973-7

Impreso y encuadernado en China

www.dkespañol.com

Este libro se ha impreso con papel certificado por el Forest Stewardship Council™ como parte del compromiso de DK por un futuro sostenible. Más información: **www.dk.com/uk/information/sustainability**

Contenidos

Planeta azul

Secretos del océano

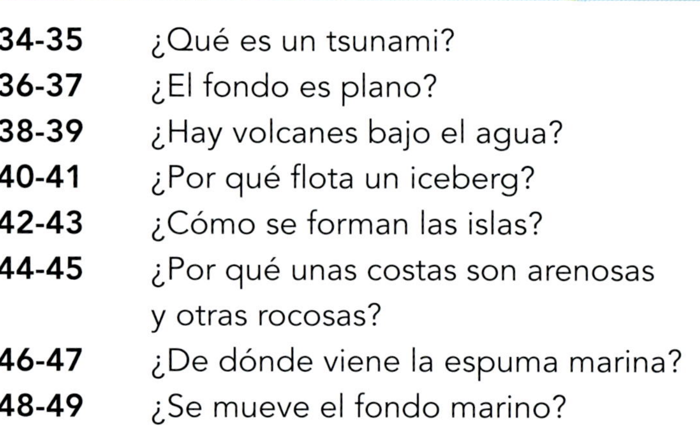

Hábitats oceánicos

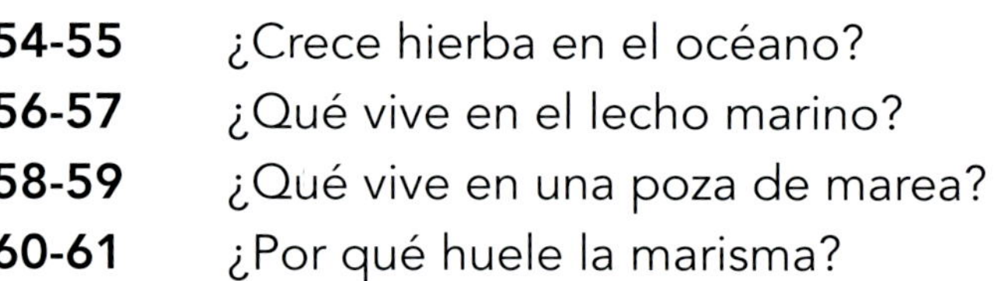

Descubre cómo las aves viven en el mar en la p. 100.

Vida oceánica

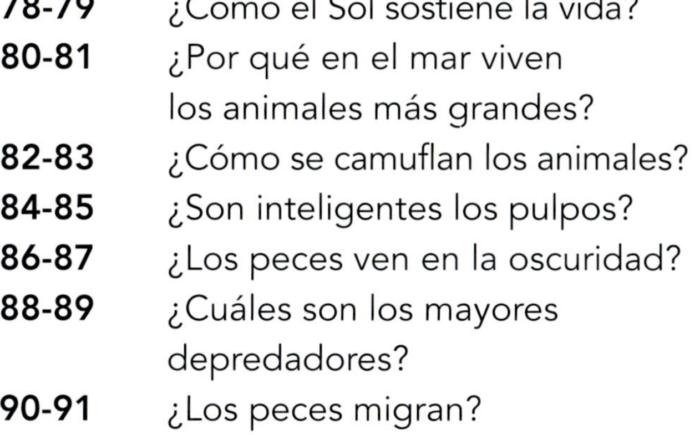

Descubre por qué los pingüinos no se congelan en la p. 70.

El océano y nosotros

? ¿Lo sabes?

¡Ponte a prueba! Busca los recuadros de preguntas a lo largo de todo el libro para ver cuánto has aprendido. Algunas de las respuestas están en las mismas páginas, pero para el resto tendrás que investigar un poco o aventurar una solución. Comprueba las respuestas en las páginas 132-133.

Planeta azul

Vista desde el espacio, la Tierra es un planeta azul cubierto en su mayor parte por agua salada. Desde que se formaron, los océanos han estado en movimiento constante, azotados por vientos que forman las olas y atraídos por la Luna que crea las mareas, con corrientes que surgen en la superficie y en las profundidades.

¿De dónde viene el agua de la Tierra?

Cuando se formó la Tierra hace unos 4500 millones de años, en las rocas que se agruparon para crearla probablemente ya había agua. Esta se liberó y llegó a la superficie. El resto del agua llegó del espacio.

Las nubes

Los gases y el vapor de agua formaron la atmósfera primitiva de la Tierra. Al enfriarse la atmósfera, el vapor de agua se condensó en nubes.

El vapor de agua estuvo en la atmósfera hasta que la Tierra se enfrió a menos de 100 °C y hubo las primeras lluvias.

Volcanes

La Tierra estaba cubierta de volcanes. Al entrar en erupción, expulsaban gases calientes y vapor de agua desde las profundidades de la superficie.

Del espacio

Parte del agua llegó a la Tierra en meteoritos rocosos y cometas de polvo, gas y hielo que chocaron contra el planeta. Al enfriarse la atmósfera, el vapor de agua se condensó y se formaron nubes.

Cometa

¿Cómo permanece el agua en los océanos?

La gravedad de la Tierra es una fuerza que atrae todo hacia el suelo. Impide que los océanos vuelen hacia el espacio, de la misma forma en que mantiene el agua dentro de un vaso cuando la vertemos.

? ¿Lo sabes?

1. ¿De qué era la atmósfera primitiva de la Tierra?
2. ¿Por qué los océanos no vuelan hacia el espacio?

Respuestas en las páginas 132-133.

Cae la lluvia

La lluvia llenó grandes huecos de la superficie terrestre. La Tierra estaba ya lo suficientemente fría para que el agua se mantuviera en estado líquido y no se evaporara.

Se forman los océanos

Las hondonadas llenas de agua se convirtieron en los primeros océanos. La lluvia disolvió la sal de las rocas, y por eso el agua del océano es salada.

¿Son antiguos los océanos?

Ha habido océano la mayor parte de los 4500 millones de años de historia de la Tierra. Durante ese tiempo, los antiguos océanos desaparecieron y se formaron otros nuevos. Al calentarse el planeta, subió el nivel del mar.

CLAVE: Ma = hace millones de años

Planeta océano (4400 Ma)

Unos 150 millones de años después de formarse la Tierra, un solo océano cubría todo el planeta. Pasados mil millones de años, aparecieron en el mar unos organismos diminutos, los microbios: la primera vida en la Tierra.

Glaciación global (700 Ma)

Millones de años después, el océano se congeló y una gran glaciación se apoderó de la Tierra. El nivel del mar cayó enormemente. Esta edad de hielo duró más de 100 millones de años.

¿Qué vivía en los océanos?

Helicoprion

Parecido a un tiburón, vivió hace 270 millones de años. En la mandíbula inferior tenía una espiral de dientes del tamaño de un plato.

Ichthyosaurus

Este elegante reptil depredador vivió hace 190 millones de años. Su cuerpo aerodinámico y musculoso le permitía nadar rápidamente en busca de presas, como peces, calamares y otros reptiles marinos.

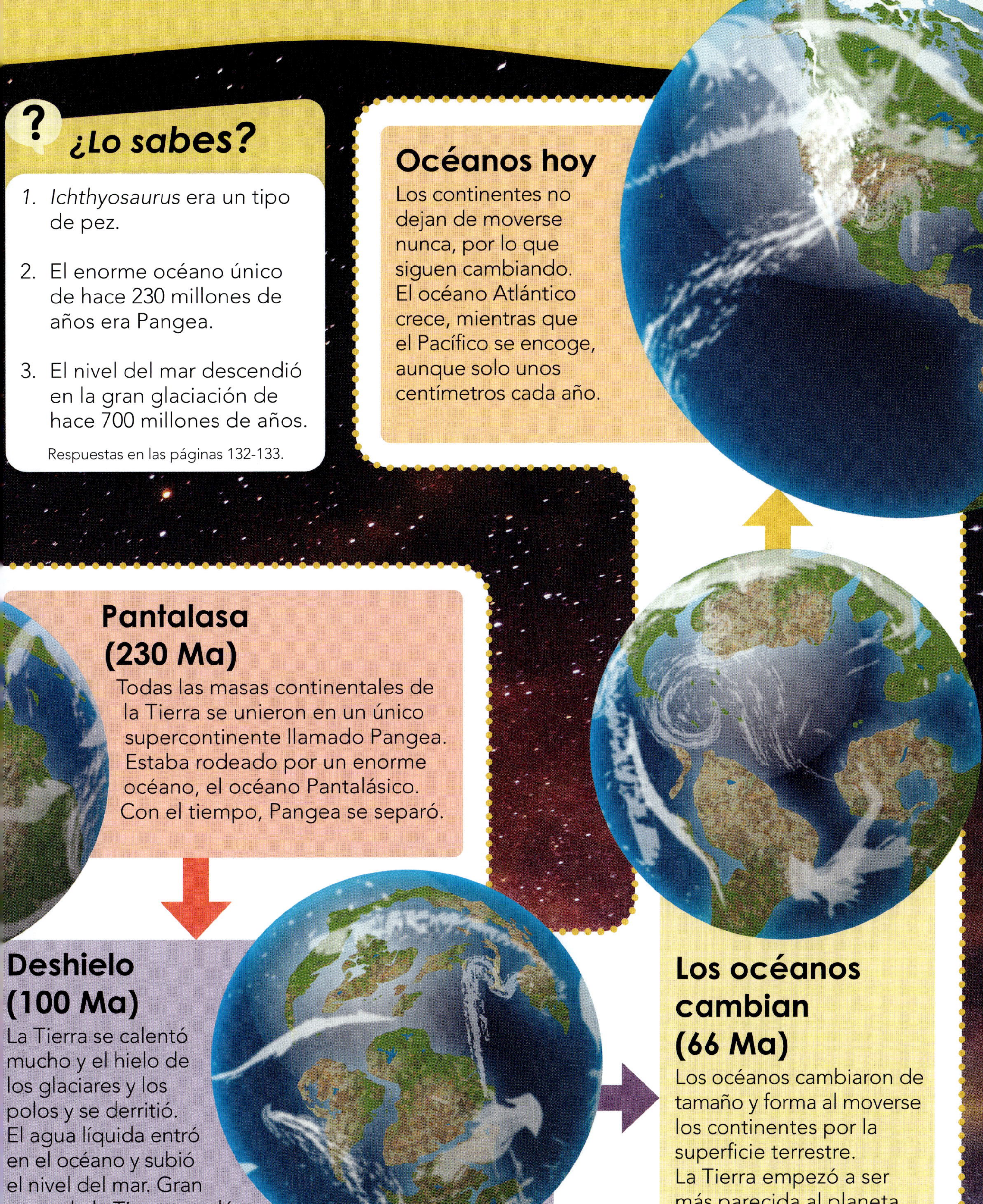

¿Lo sabes?

1. *Ichthyosaurus* era un tipo de pez.
2. El enorme océano único de hace 230 millones de años era Pangea.
3. El nivel del mar descendió en la gran glaciación de hace 700 millones de años.

Respuestas en las páginas 132-133.

Océanos hoy

Los continentes no dejan de moverse nunca, por lo que siguen cambiando. El océano Atlántico crece, mientras que el Pacífico se encoge, aunque solo unos centímetros cada año.

Pantalasa (230 Ma)

Todas las masas continentales de la Tierra se unieron en un único supercontinente llamado Pangea. Estaba rodeado por un enorme océano, el océano Pantalásico. Con el tiempo, Pangea se separó.

Deshielo (100 Ma)

La Tierra se calentó mucho y el hielo de los glaciares y los polos y se derritió. El agua líquida entró en el océano y subió el nivel del mar. Gran parte de la Tierra quedó cubierta por el océano.

Los océanos cambian (66 Ma)

Los océanos cambiaron de tamaño y forma al moverse los continentes por la superficie terrestre. La Tierra empezó a ser más parecida al planeta que conocemos hoy.

¿En qué se diferencian el océano y el mar?

Tanto los océanos como los mares son grandes extensiones de agua salada, pero los océanos son mucho más grandes. El agua salada que cubre casi dos tercios de la superficie terrestre se divide en cinco océanos y más de cincuenta mares.

Océano

Los océanos son tan grandes y profundos que en buena parte siguen inexplorados. Separan los continentes de la Tierra.

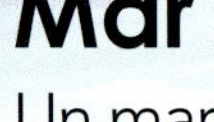

Mar

Un mar es más pequeño y menos profundo que un océano. La mayoría están en los bordes de los océanos y parcialmente rodeados de tierra.

¿Dónde están los océanos del mundo?

Hay cinco océanos con nombre, y todos están conectados. El océano Ártico cubre el Polo Norte, y el océano Austral rodea el Polo Sur. Entre ambos, más o menos en torno a la parte central de la Tierra, se encuentran los océanos Pacífico, Atlántico e Índico.

¿Lo sabes?

1. ¿Qué es más grande, un mar o un océano?
2. ¿Cuántos océanos hay que tienen nombre?
3. Los océanos ¿son más profundos que los mares?

Respuestas en las páginas 132-133.

Podría decirse que solo hay un océano, pues todos los océanos del mundo están interconectados.

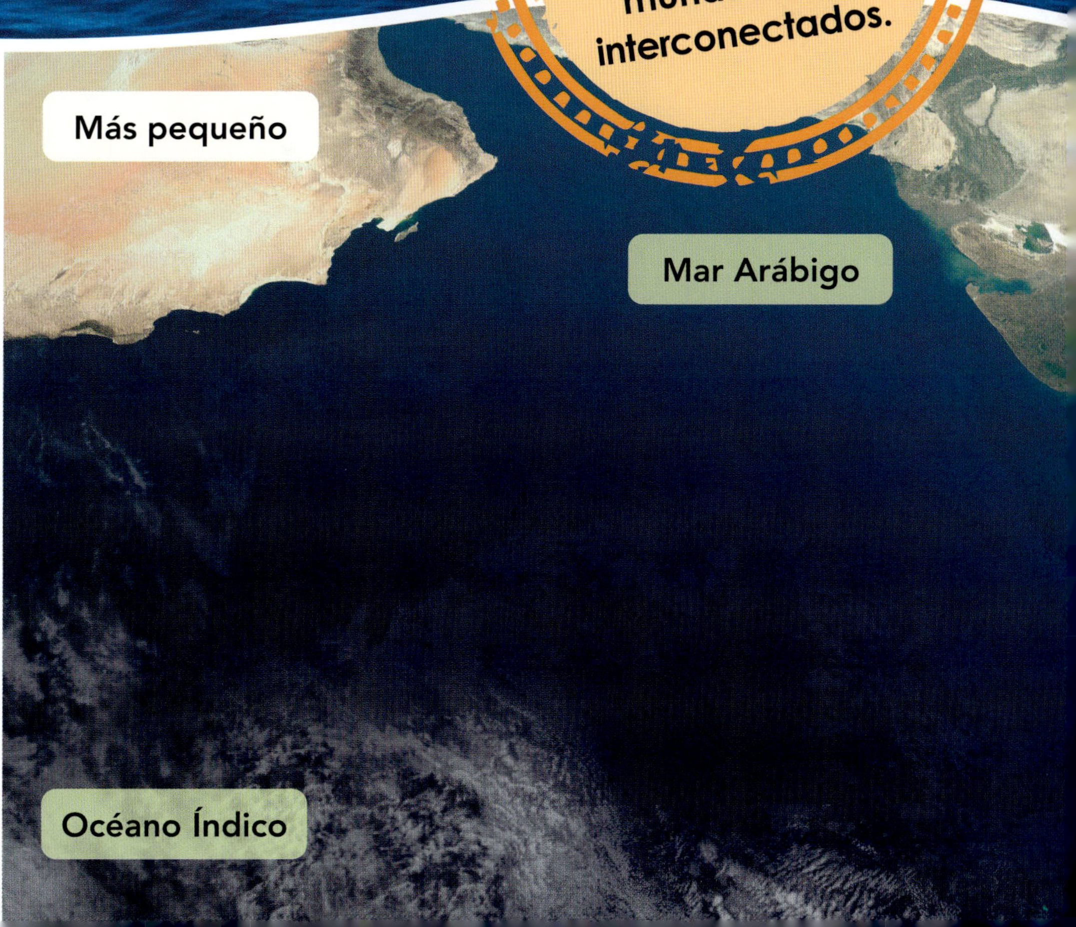

Más pequeño

Mar Arábigo

Océano Índico

Plataforma continental

Zona fótica

0-200 m
Bañada por la luz solar, la capa superficial es rica en vida. Los vientos, las mareas y las corrientes la mantienen en movimiento. La temperatura del agua puede cambiar con las estaciones.

Zona de penumbra

200-1000 m
Es un lugar sombrío, pero hay luz suficiente para ver. Por la noche, algunos animales suben a la superficie para alimentarse y vuelven a bajar de día.

Llanura abisal

Zona abisal

4000-6000 m
Aquí solo hay una oscuridad espeluznante, casi helada. El peso del agua presiona con inmensa fuerza sobre los animales del abismo.

¿Es muy profundo el océano?

La profundidad del océano varía mucho, desde aguas costeras poco profundas hasta cañones submarinos a 11 km bajo la superficie. Cuanto más se profundiza, más oscuro y frío se vuelve, y más nos presiona el agua.

? ¡Qué imagen!

¿En qué zona vive esta raya?

Respuestas en las páginas 132-133.

¿Cuál es el punto más profundo del océano?

El lugar más profundo que conocemos es la Fosa de las Marianas, en el océano Pacífico occidental. En un lugar llamado el abismo Challenger, el fondo del océano está a 11030 m bajo la superficie.

Caballito de mar

200 m

1000 m

Tiburón anguila

Pez trípode

Zona batial

1000-4000 m

La zona batial es fría y totalmente oscura. Muchos animales pueden fabricar su propia luz que les ayude a encontrar comida o pareja, o para ahuyentar a los depredadores.

4000 m

Zona hadal

Por debajo de los 6000 m

En los abismos llamados fosas oceánicas, el fondo del mar llega a profundidades alucinantes. Sorprendentemente, algunos animales logran sobrevivir.

6000 m

Fosa

La Fosa de las Marianas es 3 km más profunda que la altura del Everest.

9000 m

10000 m

11000 m

¿Qué océano es el más grande?

El Pacífico es el mayor y más profundo de los cinco océanos de la Tierra. Sus aguas abiertas, ricas en vida marina, están salpicadas de islas. En los bordes del Pacífico hay profundas fosas y muchos volcanes activos.

Fosas profundas

En el Pacífico occidental, el fondo oceánico es empujado hacia el interior de la Tierra y destruido, creando una línea de fosas profundas.

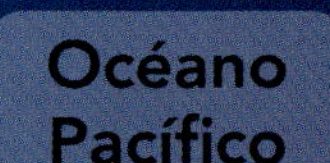

Islas de coral

Miles de islas de coral salpican el cálido Pacífico Sur. Estas islas se forman alrededor de los picos de volcanes que entraron en erupción en el fondo marino.

Gran Barrera de Coral

El mayor arrecife de coral del mundo es tan grande que puede verse desde el espacio. Se extiende a lo largo de 2300 km por la costa noreste de Australia.

Fauna

Las frías aguas del Pacífico Nororiental son ricas en plancton. Las aves marinas y las ballenas se dan un festín con los bancos de peces que llegan para alimentarse.

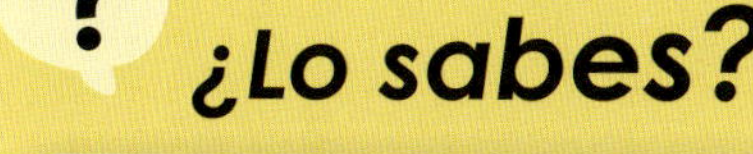

1. ¿Qué océano es más grande, el Austral o el Índico?
2. ¿Cómo se llama el arrecife coralino más grande?
3. ¿Qué se alimenta del plancton del Pacífico?

Respuestas en las páginas 132-133.

Archipiélago de Hawái

En medio del Pacífico se encuentra el archipiélago de Hawái. Lo formaron grandes volcanes submarinos, algunos de los cuales siguen activos.

¿Qué tamaño tiene el océano Pacífico?

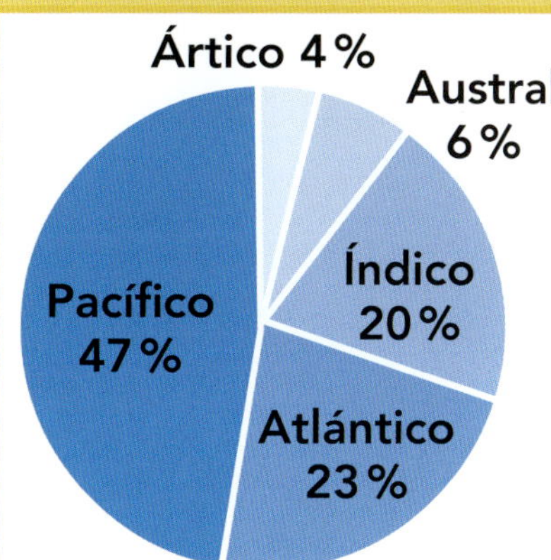

El Pacífico tiene, aproximadamente, el tamaño combinado de los otros cuatro océanos. Es más del doble que el Atlántico, el siguiente océano en tamaño, y casi doce veces mayor que el Ártico, el más pequeño de los cinco océanos.

¿Por qué el océano es azul?

La luz del sol contiene muchos colores. Al incidir en el mar, cada color penetra en el agua y alcanza una profundidad distinta antes de ser absorbido. La luz azul es la que llega a más profundidad y se dispersa, lo que hace que parezca azul.

Color más superficial. La luz roja se absorbe en los primeros 10 m. A los 50 m, el naranja y el amarillo también han desaparecido.

Color más profundo La luz azul alcanza unos 1000 m. Al avanzar, se dispersa en todas las direcciones.

¿Por qué a veces el océano es verde?

La presencia de pequeñas algas en el agua puede darle un aspecto verde. Las algas usan una sustancia química llamada clorofila para captar la energía de la luz solar. La clorofila refleja la luz verde y da tono verdoso al agua.

Luz del sol

Aunque la luz del sol parece blanca, contiene todos los colores del espectro. Vemos estos colores cuando la lluvia que cae divide la luz solar en un arcoíris.

¿Cuándo es incolora?

El agua es incolora en pequeñas cantidades, como en un vaso. La luz pasa a través del agua sin verse afectada. Cuanto más profunda es, más colores absorbe y más azul se ve.

Absorción de color

Los distintos colores son absorbidos por el agua del océano. Algunos se absorben cerca de la superficie, y otros a una mayor profundidad.

100 m

Aún más profundo

Más allá del alcance de la luz azul, el océano es tan oscuro como la noche.

1000 m

¿Cierto o falso?

1. La luz verde es la que llega más al fondo del océano.
2. La luz del sol se compone de muchos colores.
3. Unas algas diminutas tiñen de púrpura el agua del mar.

Respuestas en las páginas 132-133.

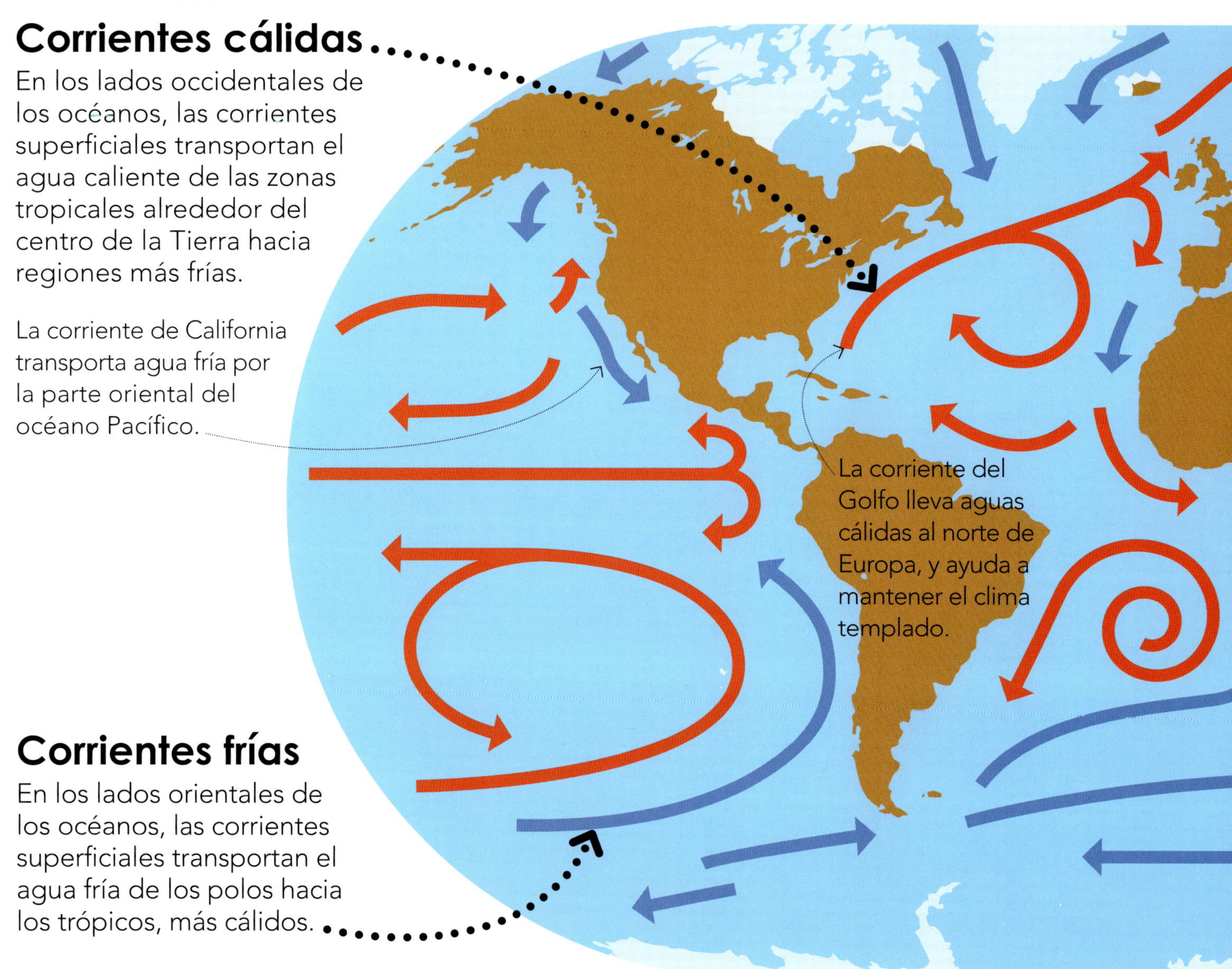

¿Nunca se para el océano?

Movida por el viento, los cambios de temperatura y la rotación de la Tierra, el agua de los océanos fluye sin parar por todo el planeta en gigantescas corrientes. Algunas fluyen por la superficie, otras por el fondo marino.

¿Qué nos dicen los patitos de las corrientes?

En 1992 cayó al mar un cargamento de 29 000 juguetes de baño, entre ellos patitos amarillos. Aparecieron en distintos lugares del mundo. Sus viajes han ayudado a los científicos a cartografiar las corrientes oceánicas.

La corriente de Kuroshio hace subir el agua caliente por el Pacífico Norte.

¿Cierto o falso?

1. Las corrientes en parte se mueven por la rotación de la Tierra.
2. La corriente del Golfo lleva agua fría al norte de Europa.
3. Los giros son corrientes circulares que se enlazan.

Respuestas en las páginas 132-133.

Las aguas profundas pueden tardar hasta 1000 años en viajar del Atlántico Norte al Pacífico Norte.

Puede que algunos sigan en el mar.

¿Qué es la cinta transportadora oceánica?

Al llegar al Atlántico Norte, el agua cálida tropical (roja) se enfría, se vuelve más densa y pesada, y se hunde. Luego fluye como una corriente fría profunda (azul) por el fondo antes de volver a subir. Se trata de la cinta transportadora oceánica.

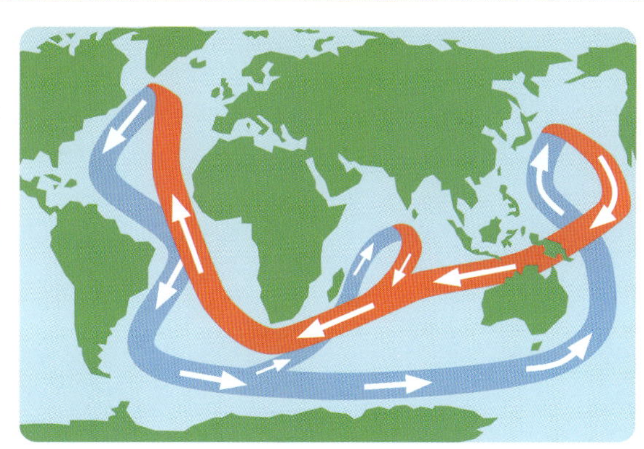

¿Se congela el océano?

A veces, sobre todo en los polos norte y sur, donde los vientos helados enfrían su superficie. Los estanques y lagos se congelan a 0 °C, pero la sal del agua marina impide que el mar se congele hasta que la temperatura baje de -2 °C.

Rompehielos

Los rompehielos son barcos con cascos reforzados y motores potentes, lo que les permite abrirse paso a través de grandes placas de hielo.

Agujero en el hielo

Las focas de Weddell cazan bajo el hielo. Con las garras de sus aletas delanteras hacen agujeros en el hielo para poder salir a respirar.

Bajo el hielo

Las algas que crecen bajo el hielo sirven de alimento al kril. Los peces, como este notothen pelado, se alimentan de kril.

¿Cuánto hielo hay en el mar?

La cantidad de hielo del océano varía. Al final del invierno alcanza su máximo, pues gran parte se derrite en verano. La Tierra se está calentando y la zona del océano que se congela es cada vez menor.

Hielo en el Ártico

¿Lo sabes?

1. ¿Cómo se llaman las placas redondas de hielo marino?
   a) hielo pizza
   b) hielo panqueque
   c) hielo compacto

2. ¿A qué temperatura se congela el océano?
   a) 0 °C
   b) 100 °C
   c) -2 °C

Respuestas en las páginas 132-133.

¿Qué ocurre cuando se congela el océano?

Cada invierno, en los polos, el mar abierto se transforma lentamente en una capa de hielo sólido. En el sur, alrededor de la Antártida, el hielo se forma cerca de la costa. En el Polo Norte, el hielo que ha sobrevivido al verano vuelve a extenderse por el océano Ártico.

1. Cerca de la superficie empiezan a crecer pequeños cristales de hielo que dan al agua aspecto granizado.

2. Las olas agrupan los cristales de hielo formando placas redondas llamadas hielo panqueque.

3. El hielo se une en placas. Las olas rompen las placas y las convierten en témpanos.

4. Los témpanos vuelven a congelarse en masas gruesas y desordenadas de hielo compacto a la deriva.

5. El hielo marino que se congela hasta la costa se denomina hielo permanente. El hielo flotante que no llega rápido a tierra se llama hielo compacto.

¿Por qué no se seca el océano?

La energía solar impulsa el ciclo del agua.

Mucha agua sale del océano cuando el sol lo calienta, pero siempre es sustituida por agua procedente de la lluvia, la nieve y la tierra. El agua circula continuamente entre el océano, el aire y la tierra en un proceso sin fin llamado ciclo del agua.

Evaporación

El sol calienta el agua del océano. El agua se evapora, es decir, pasa de líquido a gas. Este gas se llama vapor de agua.

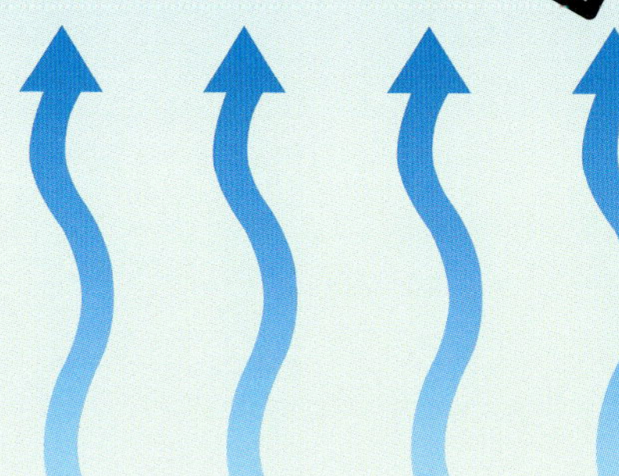

El agua se evapora de la superficie del océano.

¿Habrá siempre un océano?

No, hacia el final de su vida, el Sol se hará más brillante y aumentará varias veces su tamaño actual. La Tierra se calentará tanto que el agua se evaporará, dejando el planeta seco. Por suerte, ¡eso no ocurrirá hasta dentro de mil millones de años!

Nubes

El vapor de agua del aire sube y se enfría. Se condensa y se convierte en unas pequeñas gotas de agua líquida, que forman nubes.

¿Cierto o falso?

1. Al evaporarse, el agua pasa de gas a líquido.
2. La Tierra tendrá siempre océano.
3. El ciclo del agua es el movimiento del agua entre el océano, la atmósfera y la tierra.

Respuestas en las páginas 132-133.

Lluvia

Las gotitas de agua de las nubes se unen en gotas más grandes. Al final caen como lluvia. Si se congelan, forman copos de nieve.

Flujo terrestre

La lluvia y la nieve derretida fluyen por la tierra y desembocan en ríos, arroyos y lagos, que llegan al océano.

Los árboles captan agua del suelo y la liberan al aire por sus hojas.

La cantidad de agua de la Tierra no cambia, y se reutiliza una y otra vez.

Agua subterránea

Parte del agua se filtra bajo la superficie y se abre paso a través de las rocas hasta alcanzar el mar.

¿Por qué el océano es salado?

La sal marina es la misma que utilizamos en los alimentos: cloruro sódico. La sal pasa de la tierra al mar y se disuelve fácilmente. Los primeros mares eran probablemente poco salados. A medida que la lluvia arrastró más sal al mar durante miles de millones de años, se hicieron más salados.

Liberada de la roca

La lluvia disuelve la sal y otros minerales de las rocas y el suelo. El agua corre por la tierra, llevándose la sal. Al final desemboca en los ríos.

¿Cuánta sal hay en el océano?

Si se pudiera extraer toda la sal del océano y apilarla, tendríamos una superficie de unos 150 m de espesor, ¡tan alta como un edificio de 40 plantas!

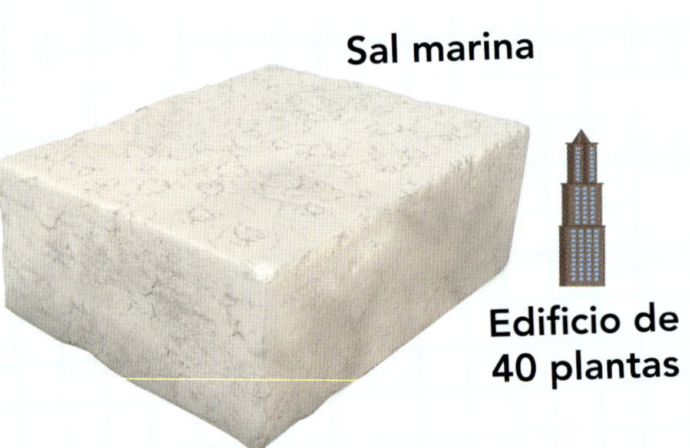

Sal marina

Edificio de 40 plantas

De vuelta a la roca

El agua salada se filtra por las grietas del fondo oceánico. La sal sale del agua y pasa a formar parte de nuevas rocas que se forman bajo tierra.

Llevada por el río

Los ríos transportan la sal disuelta hacia el mar. El agua de los ríos contiene una cantidad ínfima de sal, por eso no es salada como la marina.

¿Cierto o falso?

1. La sal es cloruro sódico.
2. La lluvia disuelve la sal de las rocas y el suelo.
3. Solo el 3 % del agua de la Tierra es salada.

Respuestas en las páginas 132-133.

En el mar

Los ríos vierten agua al mar, añadiendo sal al océano. Los organismos marinos absorben sal en su organismo y parte de ella se deposita en el fondo oceánico.

Alrededor del 97 % del agua de la Tierra es salada y la mayor parte se encuentra en el océano.

¿Se puede beber el agua del mar?

No es seguro beber agua de mar, porque nuestro cuerpo no soporta sus altos niveles de sal. Sin embargo, podemos eliminar la sal para obtener agua dulce potable. Esto se hace en las plantas desalinizadoras de la costa.

¿Por qué hay olas en los océanos?

Las olas se forman cuando el viento empuja la superficie del océano, haciendo que el agua suba y baje. Primero se forman ondas, que se convierten en olas cuando el viento sigue soplando. Las olas recorren el océano antes de romper. Las mareas también hacen subir y bajar el mar a lo largo de la costa.

Balanceo

Puede parecer que las olas mueven el agua hacia delante, pero no es así. Basta con observar a un ave marina balanceándose sobre las olas: al igual que el agua que hay debajo, no se mueve hacia delante.

Viento

El viento transmite parte de su energía al agua. Cuanto más fuerte sopla, más energía gana el agua.

Movimiento

El agua de cada ola gira en círculos. Transmite energía al agua de delante, haciendo avanzar la ola.

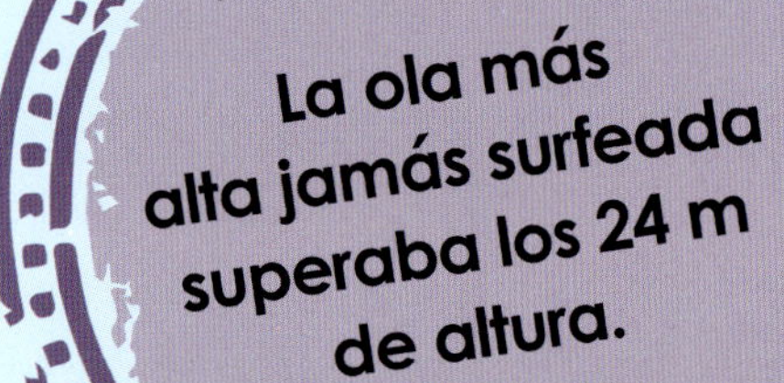

¿Cómo rompen las olas en la costa?

Una ola que choca o rompe contra la costa se denomina rompiente. Cuando una ola se acerca a la orilla, su base golpea el fondo y se frena. Pero la cresta sigue a la misma velocidad, por lo que la ola empieza a inclinarse hacia delante. Finalmente, la ola se desploma y rompe.

¡Qué imagen!

¿Cómo se llaman las olas cuando se desploman sobre la orilla?

Respuestas en las páginas 132-133.

Cresta
La parte superior de una ola se llama cresta. La distancia entre dos crestas es la longitud de la ola.

Nivel en calma
Es el nivel de la superficie del océano cuando no sopla viento y el agua está en calma.

Valle
La depresión entre dos crestas se denomina valle. La altura de la ola es la distancia entre la depresión y la cresta.

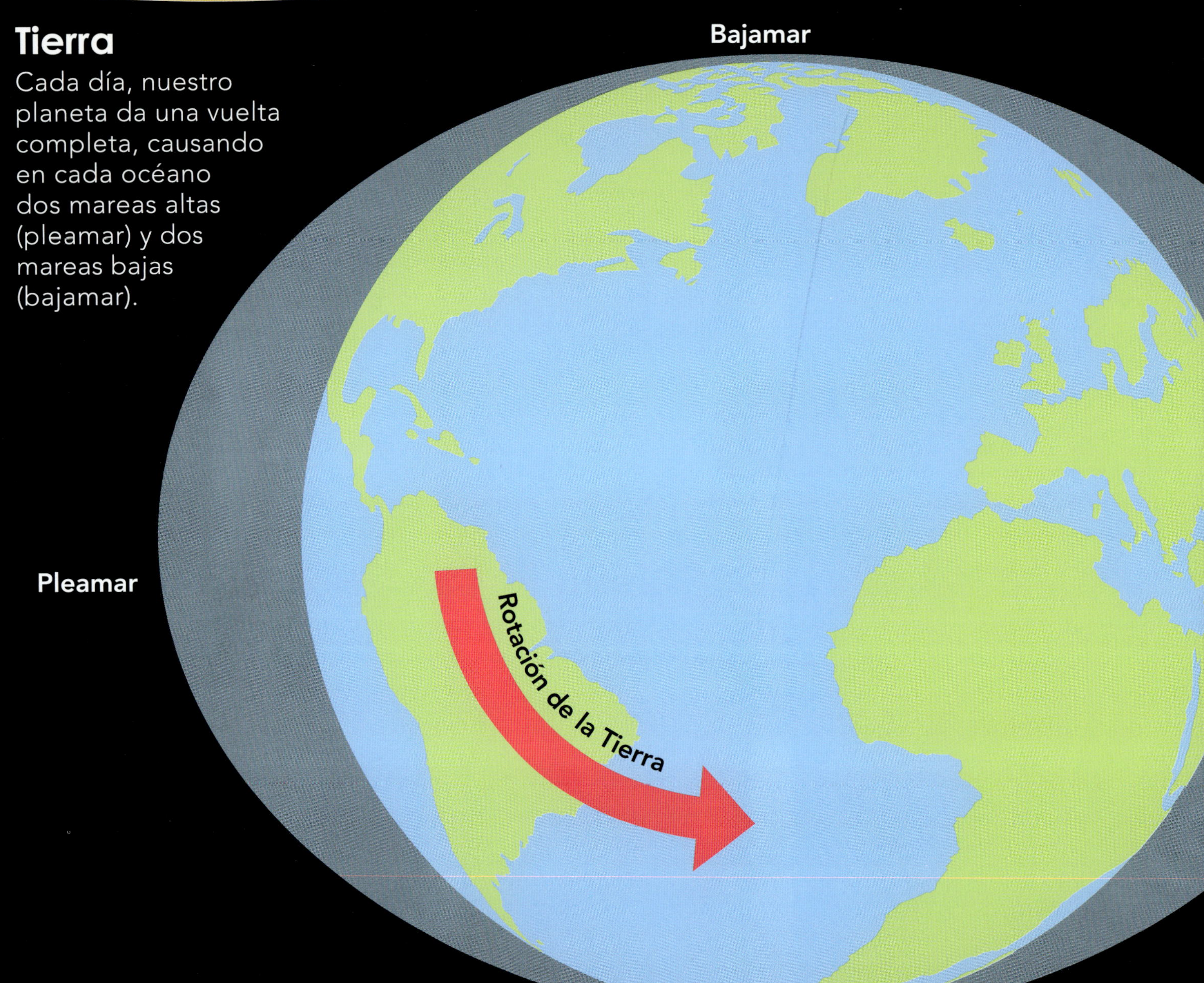

Tierra
Cada día, nuestro planeta da una vuelta completa, causando en cada océano dos mareas altas (pleamar) y dos mareas bajas (bajamar).

Bajamar

¿Cada cuánto cambia la marea?

La marea suele cambiar cada seis horas. Cada día hay dos pleamares, cuando el mar sube, y dos bajamares, cuando vuelve a bajar. Las mareas están causadas por la gravedad de la Luna y por la forma en que gira la Tierra.

Bajamar
A ambos lados de la Tierra, entre las protuberancias, la atracción de la gravedad es más débil y el nivel del mar desciende. Aquí es donde se produce la pleamar (marea baja).

Gravedad lunar

La gravedad es una fuerza invisible de atracción entre los objetos. La gravedad de la Luna tira de la Tierra, y la de la Tierra tira también de la Luna.

Pleamar

Pleamar

Cuando la Tierra está frente a la Luna, la gravedad empuja el mar hacia una protuberancia llamada pleamar o marea alta. En el lado opuesto de la Tierra, el mar es empujado hacia una segunda protuberancia.

¿Qué ocurre con marea alta y baja?

Con la marea alta, el mar entra y el agua cubre la tierra. Con la marea baja, el mar se retira y deja al descubierto arena, lodo y rocas. Muchas criaturas costeras se entierran, se esconden en charcos de rocas o se desplazan hacia aguas más profundas.

Pleamar

Bajamar

¿Son peligrosas las mareas?

Las mareas pueden subir tan deprisa que la gente puede quedar atrapada, por lo que siempre es importante comprobar cuándo van a subir. Cuando el agua de las mareas se precipita por los canales, puede crear remolinos que pueden arrastrar a los bañistas y succionarlos.

Remolino en Saltstraumen (Noruega)

¿Lo sabes?

1. ¿Cuántas horas tarda en cambiar la marea?
2. ¿Qué fuerza empuja al océano a una marea alta?
3. ¿Cuántas mareas bajas hay al día?

Respuestas en las páginas 132-133.

Secretos del océano

Cada día, el océano esculpe las costas. Las islas se elevan sobre las olas y se forman arrecifes de coral a lo largo. Los fondos marinos cambian sin parar. Los volcanes submarinos entran en erupción, aparecen grietas en el lecho marino y crecen montañas en las profundidades.

¿Qué es un tsunami?

Los tsunamis son olas inmensamente potentes que atraviesan el océano a una velocidad de hasta 800 km/h. A diferencia de las olas normales, los tsunamis no los forma el viento, sino que los desencadenan los terremotos en el mar, corrimientos de tierra submarinos y erupciones volcánicas.

Olas peligrosas

Las olas de un tsunami llegan a superar los 30 m de altura. Cuando golpean la costa, pueden arrasar casas, arrancar árboles, arrastrar vehículos y provocar inundaciones.

¿Qué significa «tsunami»?

Tsunami significa «ola del puerto» en japonés. Japón es especialmente propenso a los tsunamis porque se encuentra en una parte del océano Pacífico llamada Cinturón de Fuego, donde se producen muchos terremotos y erupciones volcánicas.

¿Cómo se forma un tsunami?

Cuando un terremoto sacude el fondo del océano, el agua de encima es empujada hacia arriba. Esto provoca olas superficiales que se extienden como ondas. Estas olas de alta energía crecen a medida que se acercan a la costa.

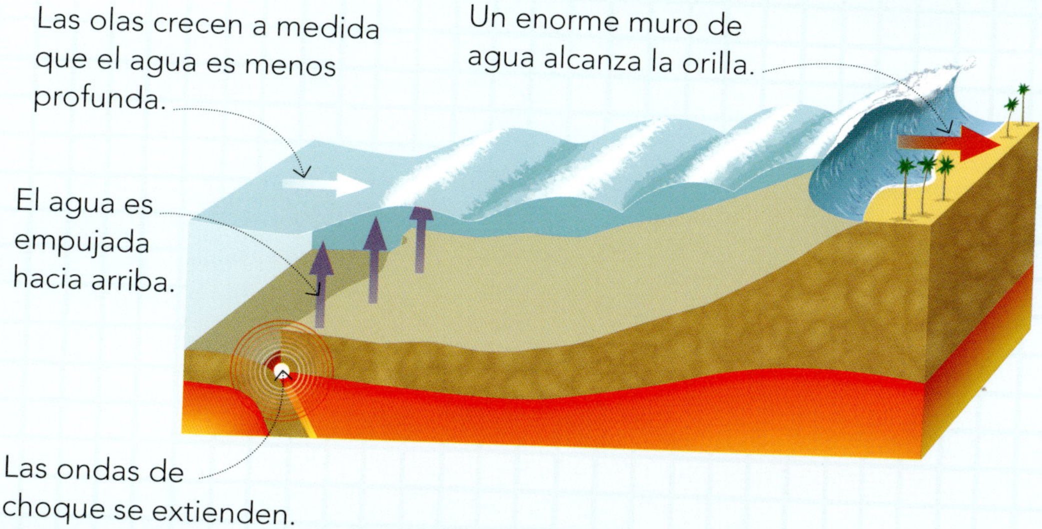

¿Cierto o falso?

1. Los tsunamis los forman fuertes vientos en el mar.
2. «Tsunami» significa «ola de la isla».
3. Las olas del tsunami son más grandes cuando el agua se hace más profunda.

Respuestas en las páginas 132-133.

¿El fondo es plano?

Sí... ¡y no! Casi tres cuartas partes del fondo oceánico son grandes llanuras que incluyen algunas de las zonas más planas de la Tierra. Sin embargo, en otros lugares hay laderas escarpadas y fosas profundas, cordilleras y cimas solitarias, y volcanes activos y extintos.

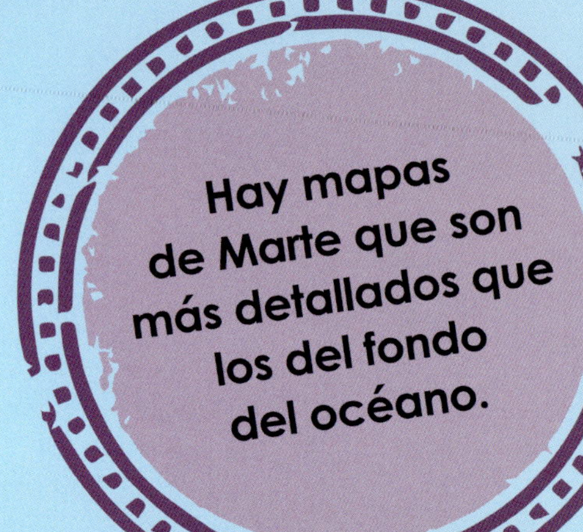

Fosa oceánica

Al chocar dos placas tectónicas, se forma una fosa larga, estrecha y en forma de V. Tiene laderas muy empinadas y es extraordinariamente profunda.

Dorsal oceánica

Cordillera de montañas submarinas que se forma al separarse dos placas tectónicas. Las montañas se sitúan a ambos lados de una larga grieta en el lecho marino.

Plataforma continental

Corteza continental

Corteza oceánica

¿Qué son las placas tectónicas?

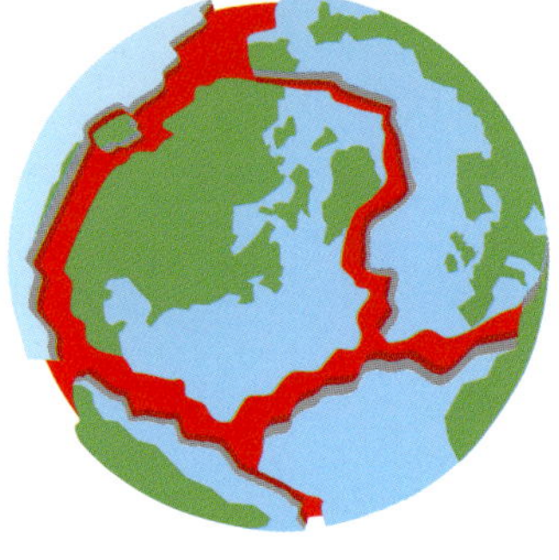

Son las grandes losas rocosas que forman la corteza terrestre. Encajan como piezas de un rompecabezas. El magma que hay bajo ellas está en constante movimiento. Esta agitación desplaza las placas sobre la superficie terrestre.

¿Cuál es la montaña oceánica más alta?

Mauna Kea, en Hawái (Estados Unidos). Esta gran montaña asoma sobre las olas, pero más de la mitad está bajo el agua. Medido desde el fondo del mar hasta su cima, el Mauna Kea es más alto que el Everest, la montaña terrestre más alta.

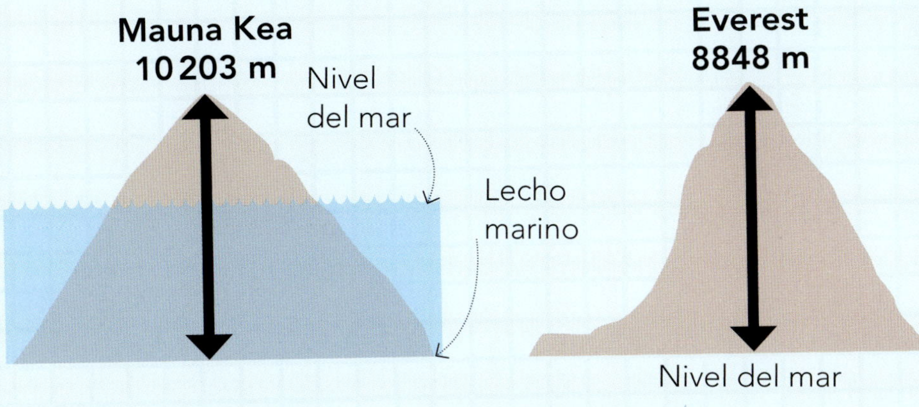

¡Qué imagen!

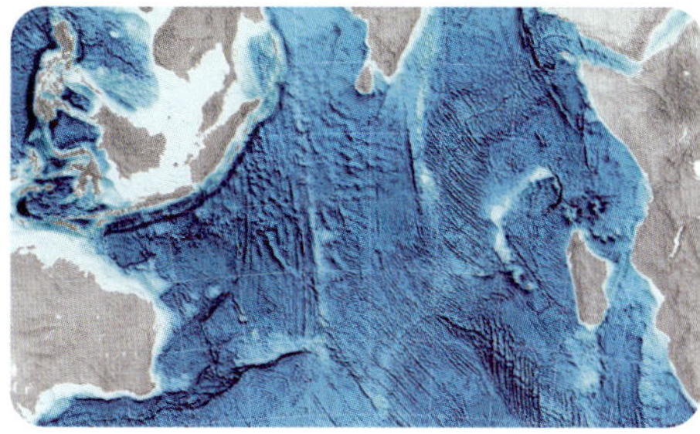

¿Cómo se llama este largo elemento del fondo oceánico?

a) monte submarino

b) dorsal oceánica

c) isla volcánica

Respuestas en las páginas 132-133.

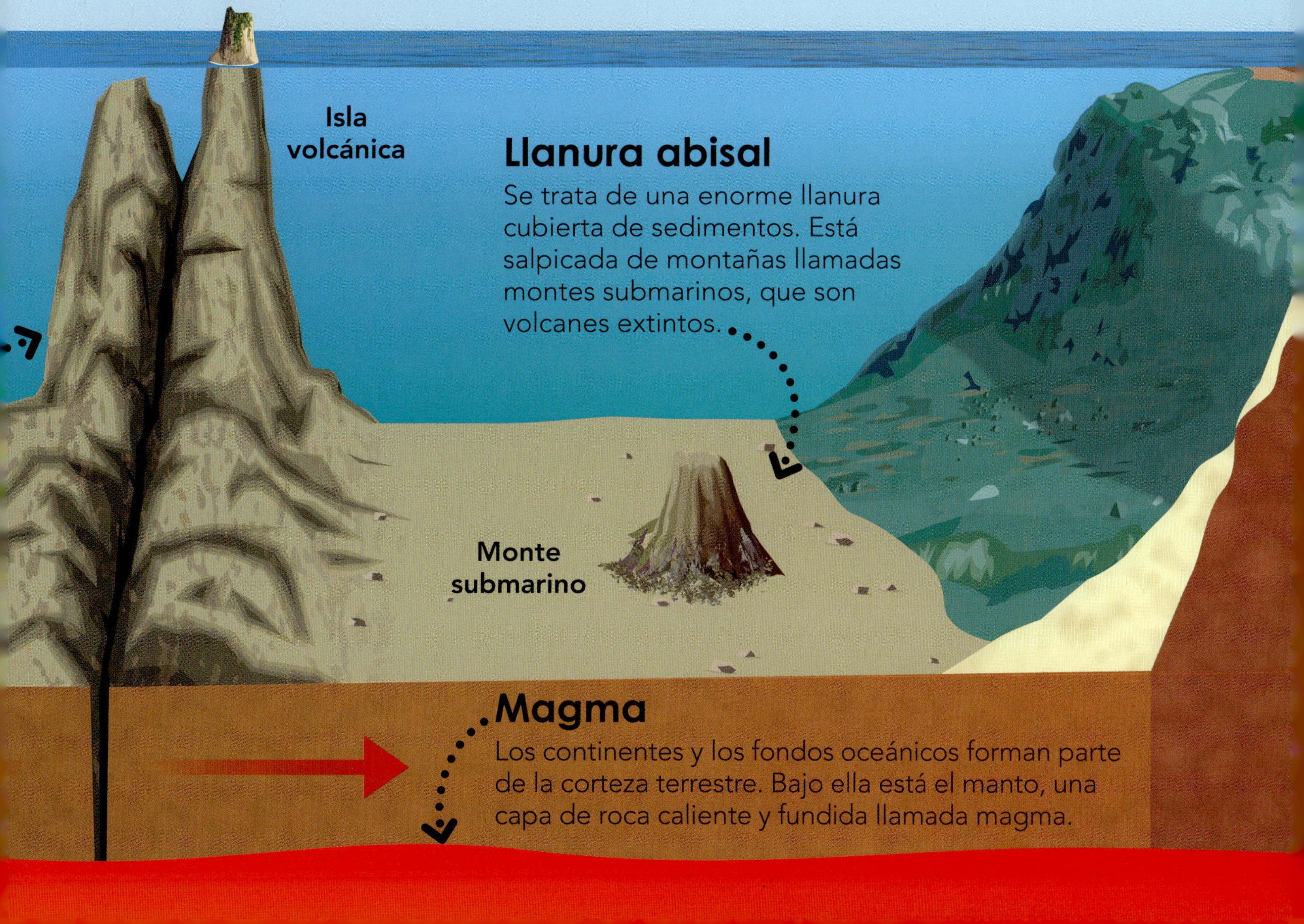

Isla volcánica

Llanura abisal

Se trata de una enorme llanura cubierta de sedimentos. Está salpicada de montañas llamadas montes submarinos, que son volcanes extintos.

Monte submarino

Magma

Los continentes y los fondos oceánicos forman parte de la corteza terrestre. Bajo ella está el manto, una capa de roca caliente y fundida llamada magma.

¿Hay volcanes bajo el agua?

Sí. Casi dos tercios de las erupciones volcánicas se producen bajo el agua. Aparecen nuevos volcanes cuando el magma (roca fundida) de la profundidad de la Tierra rezuma o estalla en el fondo del mar. Los volcanes crecen hacia arriba y algunos llegan a ser tan altos que alcanzan la superficie.

Vapor

La lava caliente vaporiza el agua que toca y se liberan gases volcánicos. En una erupción violenta, la ceniza también puede salir despedida hacia el agua.

Cinturón de Fuego

Una cadena de más de 450 volcanes recorre 40 000 km por el borde del océano Pacífico, donde confluyen las placas tectónicas. Los volcanes son tan activos que esta cadena se conoce como el Cinturón de Fuego.

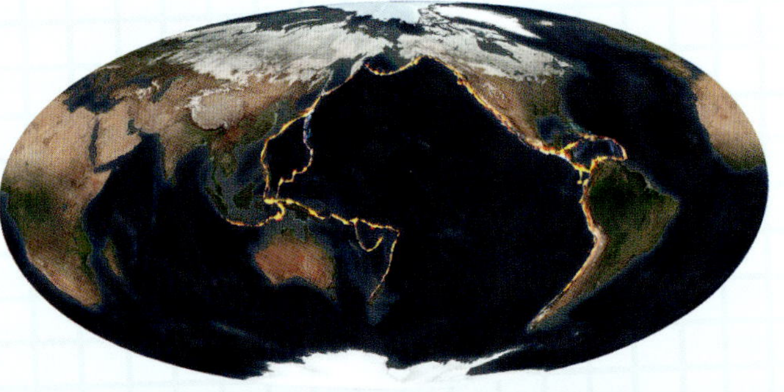

Lava

Cuando el magma candente entra en erupción en el fondo, se llama lava. Su superficie se enfría rápidamente y forma una piel negra y vidriosa.

Buceo seguro

La lava puede alcanzar los 1250 °C al entrar en erupción, pero se enfría tan deprisa que se puede nadar sin peligro justo por encima.

¿Cuáles son los tres tipos de volcanes submarinos?

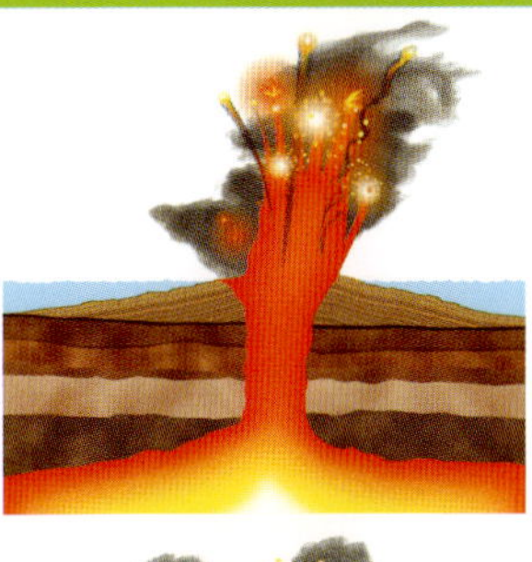

Punto caliente

Se produce cuando el magma caliente asciende y se acumula en un lugar bajo la corteza. Entonces, el magma puede arder hasta la superficie.

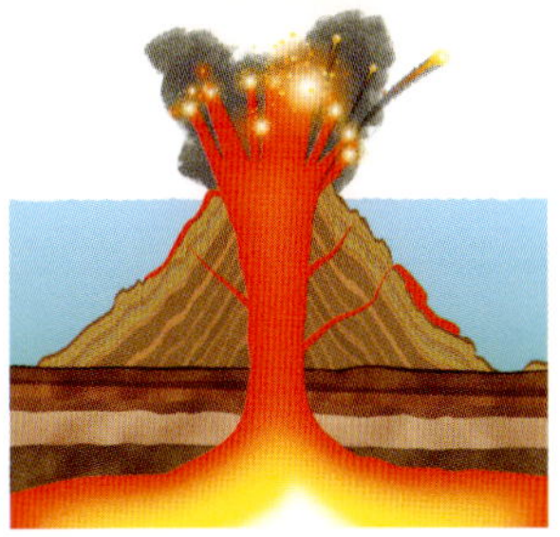

Estratovolcán

Este volcán de laderas escarpadas está formado por capas de ceniza y lava espesa. La lava se enfría y endurece antes de poder extenderse mucho.

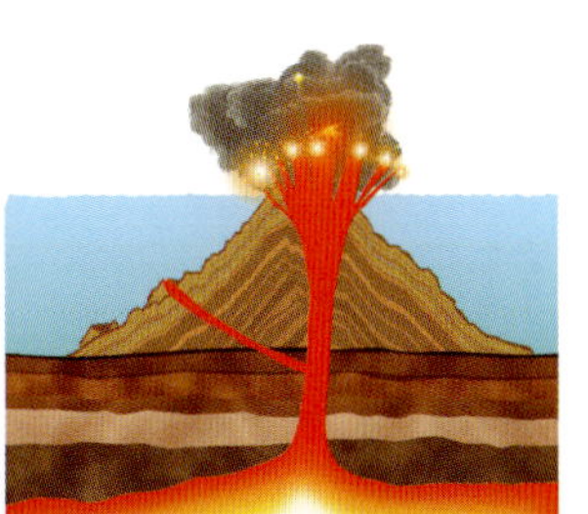

Volcán de escudo

Es menos escarpado que el estratovolcán y está formado por lava líquida que se extiende rápidamente antes de endurecerse.

La mayoría de las erupciones volcánicas y los terremotos ocurren en el Cinturón de Fuego.

¿Lo sabes?

1. ¿Dónde está el Cinturón de Fuego?
2. ¿Qué ocurre si la lava entra en erupción en el fondo?
3. ¿Cómo se forma un volcán de punto caliente?

Respuestas en las páginas 132-133.

¿Por qué flota un iceberg?

Flota en el océano porque el hielo del que está hecho es menos denso, o más ligero, que el agua líquida. Además, los icebergs están llenos de numerosas burbujas de aire, lo que los hace aún más ligeros.

Hielo viajero

Los icebergs son arrastrados por las corrientes oceánicas. Con el tiempo, quizá después de muchos años, se derriten y rompen al entrar en aguas más cálidas.

Desprendimiento

Grandes bloques de hielo se desprenden de glaciares o capas de hielo. Caen al mar en forma de icebergs.

¿Por qué flota el hielo en el agua?

Las moléculas de agua del hielo están más separadas que las del agua líquida. El hielo ocupa más espacio que la misma cantidad de agua líquida, por lo que es menos denso y flota.

Las moléculas de agua están muy juntas y se mueven.

Las moléculas de hielo están más separadas y quietas.

Agua dulce

Los icebergs están hechos de agua dulce congelada, menos densa que el agua de mar porque no tiene sal. Esto hace que floten más aún.

¿Por qué solo se ve la punta del iceberg?

El hielo es solo ligeramente menos denso que el agua, por lo que un iceberg flota bajo el agua en lugar de justo encima de ella. La mayor parte del iceberg está bajo la superficie.

El iceberg A-76 era más grande que la isla de Jamaica cuando se formó en 2021.

¿Cierto o falso?

1. Los icebergs son de agua dulce.
2. El agua dulce es menos densa que el agua de mar.
3. Las moléculas del hielo están más juntas que las del agua líquida.

Respuestas en las páginas 132-133.

¿Cómo se forman las islas?

Las islas son de distintos tamaños, desde pequeños afloramientos rocosos hasta grandes extensiones de tierra. La mayoría de las grandes islas son continentales: se separaron del resto de un continente. Las islas oceánicas las forma la erupción de volcanes en el fondo del mar.

¿Se pueden hundir las islas?

Sí que pueden. Las olas desgastan las islas volcánicas. Cuando los volcanes dejan de entrar en erupción, el fondo oceánico que hay bajo ellos se enfría y se encoge, por lo que empiezan a hundirse. Las islas bajas, como las islas Hele en las Salomón, se hunden porque sus costas se erosionan y el nivel del mar sube.

Islas oceánicas

Muchos volcanes entran en erupción en la profundidad oceánica. En ocasiones, un volcán submarino crece tanto que crea una nueva isla en el océano.

¿Cierto o falso?

1. Las islas oceánicas las forman los volcanes.
2. Cada volcán submarino crea una nueva isla.
3. La subida del nivel del mar puede hacer que una isla se hunda.

Respuestas en las páginas 132-133.

Una isla oceánica puede tardar entre 10000 y 500000 años en formarse.

La tierra más alta permanece sobre el agua. Esta tierra separada se ha convertido en una isla continental.

Islas continentales

Algunas islas se forman si los continentes se separan o si parte de un continente queda aislado al subir el nivel del mar.

El nivel del mar empieza a subir e inunda la tierra.

Durante miles de años, el volcán submarino sube a la superficie, y se crea una nueva isla en el océano.

La lava emerge por grietas en el lecho oceánico. Se endurece y forma una roca. Las capas de roca se acumulan y crean una montaña en forma de cono.

¿Por qué unas costas son arenosas y otras rocosas?

Las costas son modeladas por la fuerza del mar. En unos lugares, las olas golpean los acantilados hasta derrumbarlos y convertirlos en montones rocosos. En otros, dejan caer arena o guijarros hasta formar playas. Las olas pueden arrasar las playas o convertir las rocas en arena.

¿Hay arena hecha de caca de peces?

La arena blanca de muchas playas tropicales es en su mayor parte caca de pez loro. Estos peces de arrecife hacen crujir el coral muerto con sus picos parecidos a los de los loros para comerse las algas que viven en el coral. El coral lo expulsan como granos de arena blanca.

¿Cómo se forman las costas arenosas?

Las playas de arena suelen formarse en lugares protegidos, como estuarios y bahías, donde las olas tienen menos energía y la arena se acumula gradualmente en lugar de ser arrastrada.

Una playa de arena suele tener una pendiente suave.

Pequeñas partículas de arena, limo y arcilla son arrastradas a la playa.

Playa de arena

La arena suele estar formada por finas partículas minerales procedentes de rocas rotas por las olas o el tiempo. También puede estar formada por pequeños fragmentos de conchas y esqueletos de vida marina muerta.

La arena puede ser de muchos colores: de amarillo pálido o blanco a negro, rojo, rosa e incluso verde.

¿Cómo se forman las costas rocosas?

Las rocas más blandas se erosionan o desgastan más deprisa que las más duras. Por eso, cuando la roca blanda entre dos rocas más duras se erosiona, se crea una ensenada. La fuerza de las olas, la acidez del agua y los guijarros arrojados contra la roca blanda la van desgastando poco a poco.

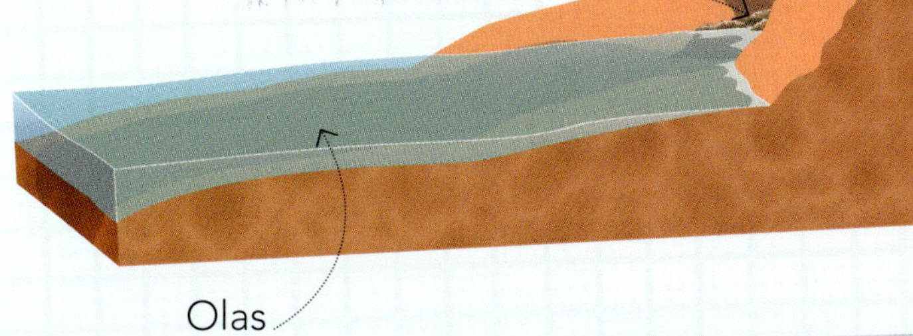

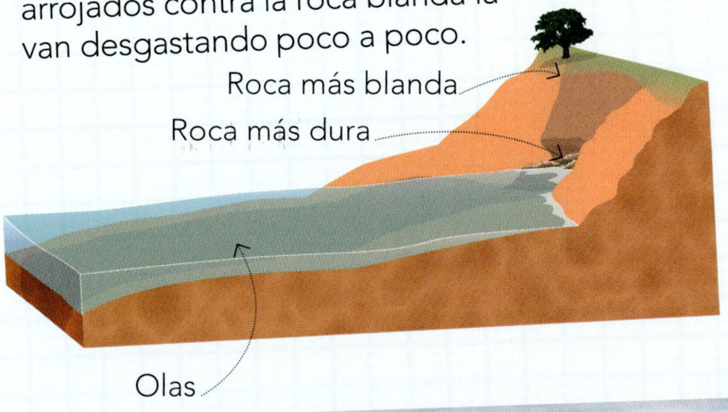

Costa rocosa

Las rocas pueden ser pequeños fragmentos, cantos rodados o repisas y afloramientos rocosos que se adentran en el agua. Los guijarros son rocas desgastadas por las olas en formas suaves y redondeadas.

¿Lo sabes?

1. ¿Qué son los guijarros?
2. ¿Dónde suelen formarse las playas de arena?
3. ¿Cómo se forma una bahía?

Respuestas en las páginas 132-133.

¿De dónde viene la espuma marina?

Cuando el mar es agitado por el viento y las olas, a veces produce espuma. El agua contiene partículas diminutas y sustancias disueltas que forman burbujas cuando se agitan. La espuma del mar suele ser inofensiva.

Mar de espuma

A menudo, la marea lleva la espuma del mar hasta la orilla, como un espeso baño de burbujas.

¿Qué contiene la espuma marina?

Además de agua, contiene sales disueltas, proteínas y grasas de la descomposición de la vida marina, algas muertas y, a veces, sustancias químicas contaminantes como detergentes.

¿Cuándo es nociva?

Algunas algas causan problemas de salud si están presentes en la espuma marina. Contienen sustancias químicas que pueden irritar los ojos, la nariz y la garganta de los bañistas, y también matar a los peces.

La *Karenia brevis* es un alga microscópica que puede causar espuma de mar dañina.

¿Lo sabes?

1. ¿Qué causa la marea roja?
2. ¿Cómo llega la espuma marina a las playas?
3. ¿De qué color suele ser la espuma marina?

Respuestas en las páginas 132-133.

¿La espuma es siempre blanca?

No siempre. La proliferación de algas nocivas cerca de la costa puede teñir de rojo o marrón rojizo la espuma del mar. Es lo que se conoce como marea roja. El color procede de un pigmento llamado clorofila que contienen las algas.

Separación de las placas
La dorsal mesoatlántica es el punto en el que las placas Norteamericana y Sudamericana se separan de las placas Euroasiática y Africana. Esta dorsal se extiende a lo largo del Atlántico.

¿Se mueve el fondo marino?

Sí, pero muy lentamente. Las placas tectónicas de la corteza terrestre –y el fondo oceánico– se desplazan sobre la superficie del planeta. En lugares del fondo oceánico llamados dorsales oceánicas, las placas se separan. En otros lugares, llamados zonas de subducción, las placas crujen entre sí.

¿Dónde están las dorsales oceánicas de la Tierra?

Hay dorsales oceánicas en el fondo del mar donde las placas tectónicas se mueven en direcciones opuestas. Las dorsales están conectadas entre sí. Forman la cadena montañosa más larga del mundo, con una extensión de 65 000 km.

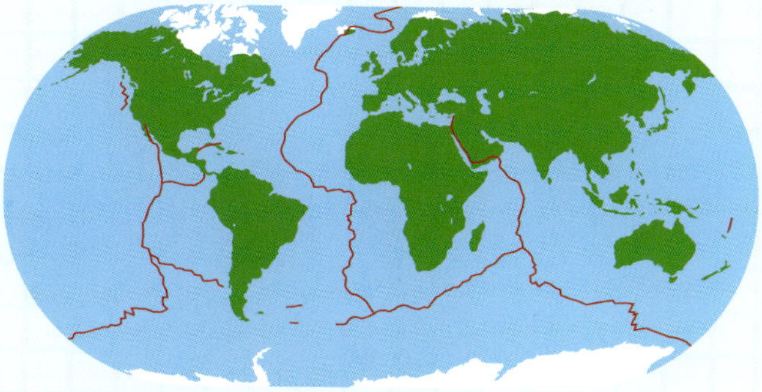

Grieta

En Islandia, la dorsal mesoatlántica ha sido empujada hacia arriba. Es visible en el fondo del lago Thingvallavatn de Islandia, que se muestra aquí, e incluso en la tierra cercana.

Las placas de la dorsal mesoatlántica se separan unos 2,5 cm al año.

¿Qué ocurre donde se juntan las placas?

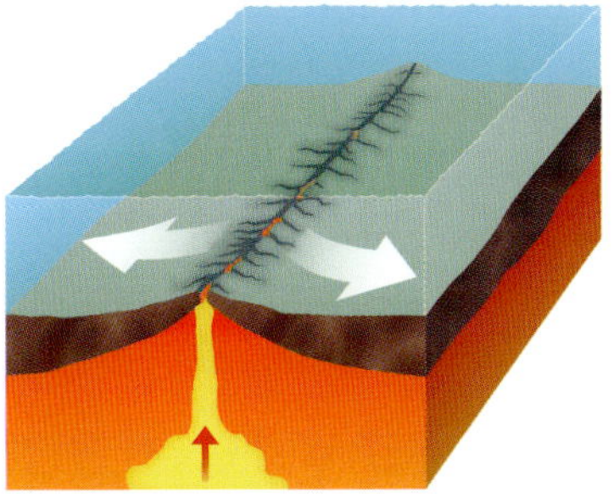

Dorsales mediooceánicas

Cuando las placas se separan, el magma entra en erupción en forma de lava a través de las grietas entre ellas. La lava se solidifica, forma una nueva corteza oceánica y crea montañas submarinas.

El movimiento de las placas puede provocar terremotos y volcanes.

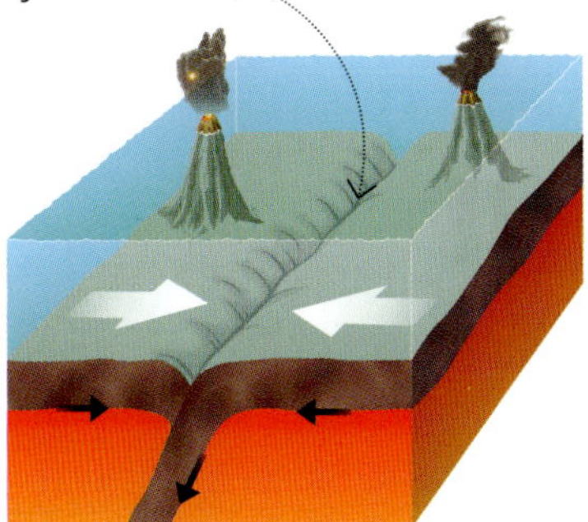

Zonas de subducción

Cuando las placas chocan, el borde de una placa es empujado bajo otra (subducción).

? ¿Lo sabes?

1. ¿Qué hacen las placas en una zona de subducción?
2. ¿Dónde se puede ver una dorsal oceánica en un lago?

Respuestas en las páginas 132-133.

¿Está vivo el coral?

Sí, ¡y mucho! Los corales son grupos de animalitos llamados pólipos, cada uno con boca, intestino, nervios, músculos y tentáculos. Parecen unas pequeñas anémonas marinas. Están unidos entre sí y comparten nutrientes.

Colonia

Cada rama de coral es una colonia de cientos, o incluso miles, de pólipos. Los pólipos son invertebrados, animales sin columna vertebral.

Arrecife

Por su superficie dura, un arrecife de coral puede parecer una masa de roca sin vida, aunque colorida. Pero si lo miramos con más atención veremos que esto dista mucho de ser cierto.

¿Qué es el blanqueamiento?

El aumento de la temperatura del mar por el calentamiento global es la principal causa del blanqueamiento del coral en todo el mundo. Las algas que viven en el interior de los pólipos proporcionan alimento a los corales. Al calentarse los océanos, el coral expulsa las algas. El coral se vuelve blanco y se daña. Esto se denomina blanqueamiento del coral.

Casi una cuarta parte de las especies oceánicas dependen de los arrecifes para alimentarse y refugiarse.

Pólipo

Un pólipo de coral tiene un esqueleto calcáreo en forma de copa que protege su cuerpo blando. Atrapa con sus tentáculos diminutos animales del zooplancton y se los come.

Tentáculos

Boca

Estómago

Esqueleto

¿Lo sabes?

1. ¿Cómo se llama un animal coralino individual?
   a) un pólipo
   b) un pollino
   c) una anémona

2. ¿Cuál es la causa del blanqueamiento del coral?
   a) aumento de temperatura
   b) algas
   c) oleaje

Respuestas en las páginas 132-133.

Ciclo de vida

Las colonias de coral liberan huevos y esperma en el agua. Cada óvulo fecundado se convierte en una larva a la deriva. Con el tiempo, la larva se asienta en el lecho marino y se transforma en un pólipo. Del fondo de cada pólipo brotan más pólipos que forman una colonia.

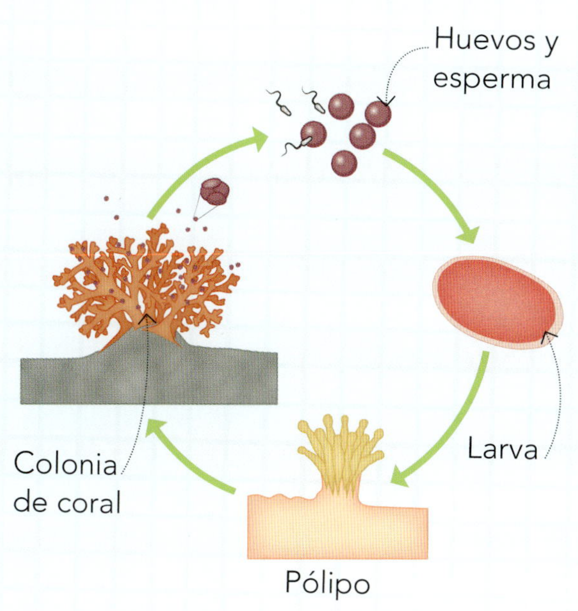

Hábitats oceánicos

El océano puede parecer una enorme masa de agua, pero en él hay muchos mundos o hábitats únicos. Desde las diminutas pozas rocosas hasta los altísimos bosques de algas, cada ambiente oceánico plantea retos diferentes a los seres vivos que viven allí.

¿Crece hierba en el océano?

Sí. Grandes praderas submarinas de hierba marina crecen en aguas costeras cálidas y poco profundas. Las praderas marinas crecían ya en tierra antes de que invadiera el mar. Como todas las plantas terrestres, las praderas marinas producen su propio alimento mediante la fotosíntesis.

Captura de dióxido de carbono

El dióxido de carbono (CO_2) (CO_2) del aire se disuelve en el océano. Las plantas toman del agua el dióxido de carbono disuelto para realizar la fotosíntesis.

Uso del carbono

Las plantas marinas usan el carbono del dióxido de carbono para crear nuevas células para su cuerpo. El carbono pasa a formar parte de las plantas en crecimiento.

C
O
O

¿Qué se alimenta de ella?

Dugongo
Este mamífero marino se alimenta solo de plantas. A veces se les llama vacas marinas porque pastan en praderas marinas.

Tortuga marina
La tortuga verde navega por las praderas marinas. Come hierba y algas.

Caracola reina
Este gran caracol marino se alimenta raspando las algas que crecen en las hojas de la hierba marina. También mordisquea la hierba marina muerta.

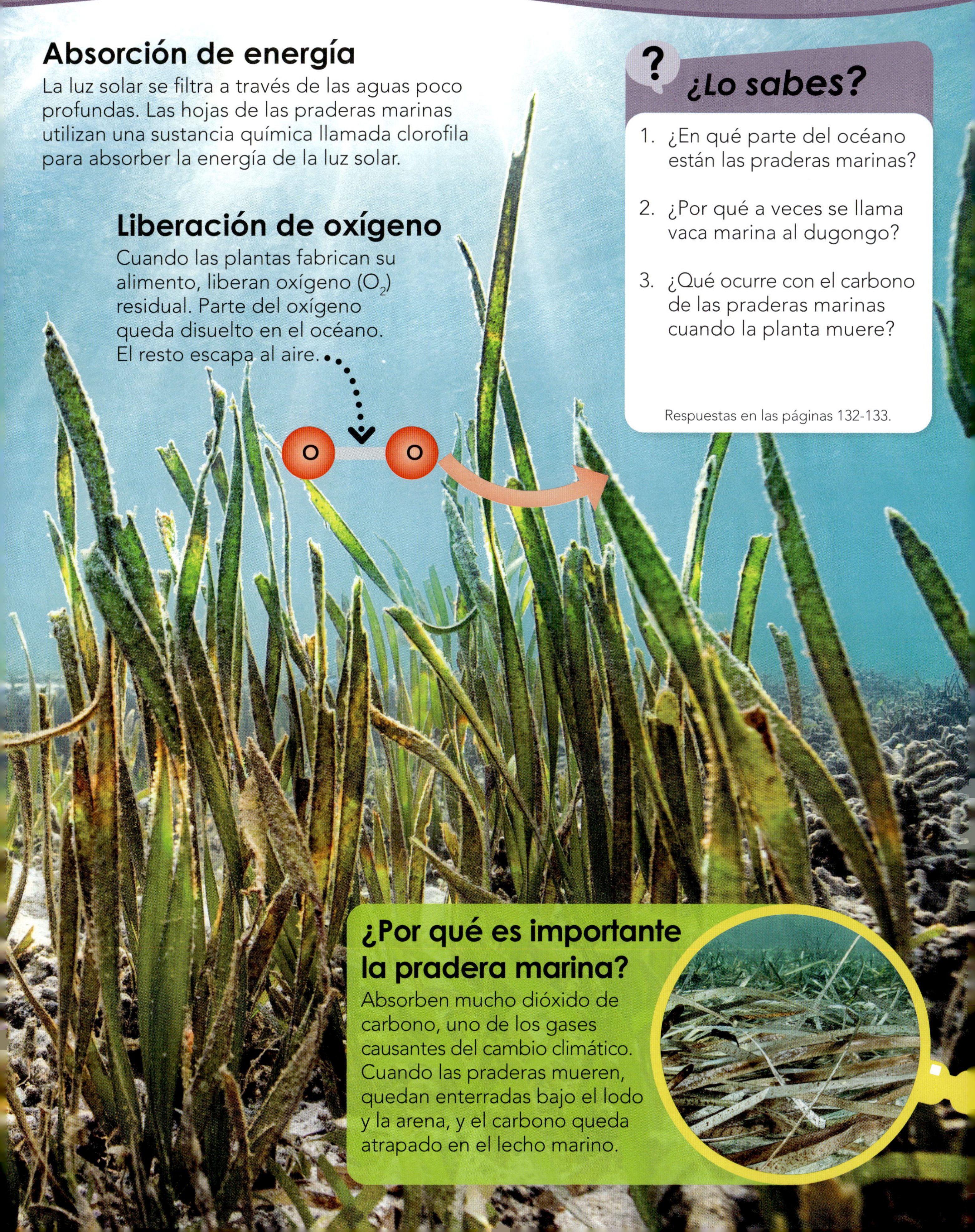

Absorción de energía

La luz solar se filtra a través de las aguas poco profundas. Las hojas de las praderas marinas utilizan una sustancia química llamada clorofila para absorber la energía de la luz solar.

Liberación de oxígeno

Cuando las plantas fabrican su alimento, liberan oxígeno (O_2) residual. Parte del oxígeno queda disuelto en el océano. El resto escapa al aire.

O O

¿Lo sabes?

1. ¿En qué parte del océano están las praderas marinas?
2. ¿Por qué a veces se llama vaca marina al dugongo?
3. ¿Qué ocurre con el carbono de las praderas marinas cuando la planta muere?

Respuestas en las páginas 132-133.

¿Por qué es importante la pradera marina?

Absorben mucho dióxido de carbono, uno de los gases causantes del cambio climático. Cuando las praderas mueren, quedan enterradas bajo el lodo y la arena, y el carbono queda atrapado en el lecho marino.

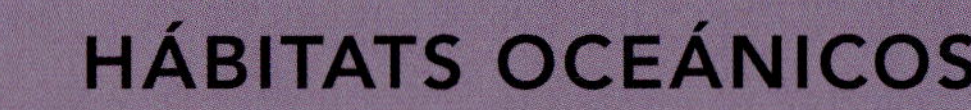

Sobre el lecho marino

Pluma de mar

Con el aspecto de una pluma de ave, la pluma marina es una colonia de diminutos animales llamados pólipos.

Pepino de mar

Por un orificio, el pepino de mar macho expulsa esperma al agua circundante para fecundar los óvulos de la hembra.

Nadadores

Pez sapo

El pez sapo tiene unas aletas rechonchas de extremo ancho que le sirven de patas para agarrarse a las rocas cuando camina por el fondo marino.

¿Qué vive en el lecho marino?

La vida marina del fondo abarca desde algas y percebes hasta esponjas y tiburones. Muchos seres vivos pasan toda su vida anclados al fondo marino. Otros se desplazan por él en busca de alimento, y algunos nadan o flotan en el agua inmediatamente por encima.

? ¿Cierto o falso?

1. El tiburón globo infla el vientre de aire para disuadir a los depredadores.
2. La pluma de mar vive en el fondo marino.
3. El pez sapo puede caminar por el fondo marino.

Respuestas en las páginas 132-133.

Excavadores

Babosa de mar

Como las babosas terrestres, este colorido molusco emplea un pie muscular y baba para arrastrarse por el fondo marino.

Anémona tubular

Vive en un tubo y agita sus tentáculos para capturar presas. Se refugia en el tubo para escapar de los depredadores.

Gusano Bobbit

Este gusano excava en la arena dejando a la vista sus piezas bucales. Si un pez toca sus antenas, el gusano lo muerde.

¿Hay tiburones que vivan en el fondo?

Tiburón ángel

Estos tiburones de cuerpo plano tienen aletas como alas. Se tumban en la arena y sacan las mandíbulas para capturar peces.

Tiburón globo

Si se acerca un depredador, el tiburón hinchador traga agua para inflar su cuerpo y hacerse demasiado grande para que se lo coma.

Tiburón alfombra teselado

Tiene una «barba» de colgajos de piel que parecen algas y le ayuda a pasar desapercibido para tender emboscadas a sus presas.

¿Qué vive en una poza de marea?

Las pozas de marea de la costa son oasis de vida marina entre las mareas alta y baja. Las algas que crecen en las rocas sirven de alimento a lapas y otros herbívoros. Las estrellas de mar y los cangrejos buscan alimentos carnosos, y las gambas recogen los restos de comida de otros.

Algas marinas

Las algas coralinas rosáceas tienen una textura áspera, parecida a la del coral. La mayoría de los animales no se molestan en comer esta alga arenosa.

Anémona

Para evitar secarse con la marea baja, la anémona tira de sus tentáculos hacia el interior del cuerpo. Esto le da aspecto de gelatina roja.

Gambas

Las gambas y son los limpiadores de la poza de marea porque se alimentan de restos de alimento de otros animales.

Cangrejo

El cangrejo se refugia y busca comida en las pozas de marea. Caza gambas y gusanos, y rompe el caparazón de los moluscos con sus fuertes pinzas.

¿Qué peces podemos ver en una poza de marea?

Peces pequeños, como el *Lipophrys pholis*, viven en una poza de marea. El macho vigila los huevos que ponen las hembras y ahuyenta a los posibles depredadores o a los machos rivales que entran en su territorio.

? ¡Qué imagen!

¿Qué tipo de alga marina es?

a) lechuga de mar

b) alga coralina

c) alga gigante

Respuesta en las páginas 132-133.

La lechuga de mar, de color verde claro, crece todo el año.

Bajo el agua, la anémona agita los tentáculos.

Lapa

Las lapas viven en el borde de la poza. Al subir la marea van por su alrededor y comen algas. Cuando baja, se agarran a la roca.

Estrella de mar

La estrella de mar abre los moluscos con sus patas tubulares. Introduce el estómago y disuelve el cuerpo blando del animal con sus jugos digestivos.

¿Por qué huele la marisma?

El mal olor de las marismas se debe a las bacterias que desprenden vapores sulfurosos en el lodo espeso y viscoso. Las marismas se forman cuando la arena y el barro arrastrados por los ríos o las mareas se depositan en el fondo de lugares resguardados cerca de la costa.

Llenas de vida

Las marismas solo pueden verse con la marea baja. Pueden parecer vacías de vida, pero el propio lodo está repleto de algas, bacterias y criaturas microscópicas.

Bacterias

Las bacterias se alimentan de plantas y animales en descomposición atrapados en el lodo. Las bacterias liberan entonces gas sulfhídrico, que huele a huevos podridos.

Lombrices arenícolas

Los montones de barro y arena que se ven en las marismas son cacas de gusanos. Cuando se alimentan, expulsan los desechos no digeridos en montones.

¿Qué animales viven en el lodo?

Berberechos, almejas, lombrices, bígaros, camarones y cangrejos violinistas hacen madrigueras en el lodo. Algunos lo tamizan en busca de restos comestibles, otros filtran partículas de comida del agua cuando sube la marea.

Cada tipo de animal vive a una cierta profundidad en el lodo.

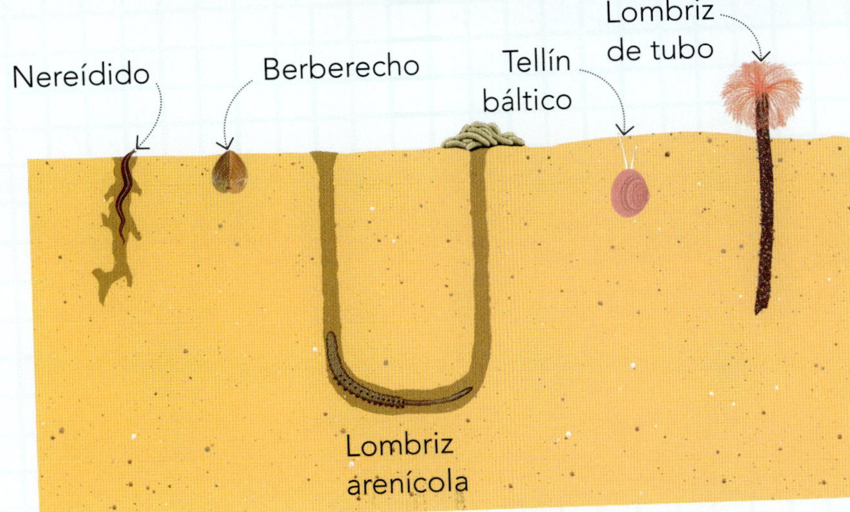

El gas de las marismas es el mismo que da a los pedos el olor a huevos podridos.

¿Quién se alimenta en las marismas?

Las aves zancudas, como este correlimos, escarban en el lodo durante la marea baja en busca de presas. Con la marea alta, los peces y los cangrejos más grandes llegan para atrapar a los excavadores cuando salen de su escondite.

¿Lo sabes?

1. ¿Qué produce el gas de las marismas?
   a) algas
   b) bacterias
   c) animales microscópicos

2. ¿Cuál de ellos no se entierra en el lodo?
   a) almeja
   b) correlimos
   c) cangrejo violinista

Respuestas en las páginas 132-133.

Terrenos pantanosos

Las plantas que crecen en las marismas de los estuarios deben poder soportar altos niveles de sal.

Agua salobre

Cerca de la desembocadura del río el agua es salobre. Esto significa que es más salada que el agua dulce, pero no tanto como el mar.

Sedimentos

La arena y el lodo vertidos en la desembocadura frenan las olas y absorben su energía. Esto permite que se acumule más arena y lodo.

¿Qué son los estuarios?

Un estuario es la desembocadura de un río en el mar. Los ríos y las olas depositan en los estuarios una mezcla de lodo y arena llamada sedimento. Esto crea una serie de hábitats para la fauna, como marismas, salinas y manglares.

¿Qué son las marismas salinas?

Las marismas salinas son humedales que se inundan de agua salada o salobre cuando sube la marea. Las hierbas y plantas herbáceas que viven allí tienen que sobrevivir cubiertas parcial o totalmente por el agua.

Desembocadura

El agua del río, menos densa, fluye por encima del agua del mar. El agua de mar, más densa, fluye por debajo de ella hacia el estuario.

¿Qué habita en los estuarios?

La tortuga espalda de diamante tritura caracoles, cangrejos y almejas con sus fuertes mandíbulas. Llora lágrimas saladas para eliminar la sal de su cuerpo.

El águila pescadora visita los estuarios para cazar peces. Esta rapaz se abalanza sobre ellos y los saca del agua con sus afiladas garras.

¿Lo sabes?

1. ¿Por qué las águilas pescadoras van a los estuarios?
2. ¿Cómo se llama la mezcla de agua salada y dulce?
3. ¿Qué les ocurre a las plantas de las marismas saladas al subir la marea?

Respuestas en las páginas 132-133.

¿Qué da color a los corales?

Con la luz solar, los corales producen pigmentos coloridos y protectores. También obtienen su color de unas algas diminutas, las zooxantelas, que viven dentro de los pólipos de coral. Los pigmentos de las algas brillan a través del cuerpo transparente de los pólipos.

¿Cuáles son los tres tipos de arrecifes de coral?

Periférico
Un arrecife periférico se forma cuando los corales crecen en aguas poco profundas alrededor de una isla o a lo largo de la costa de una masa de tierra.

De barrera
Un arrecife de barrera crece paralelo a la costa. Está separado de la tierra por una gran laguna de aguas abiertas.

Atolón
Un atolón es un anillo de coral alrededor de una laguna. Se forma cuando una isla volcánica se hunde pero el arrecife que la rodea sigue creciendo.

Peces de colores

Los llamativos colores y dibujos ayudan a los peces a encontrar a otros de su especie en un arrecife abarrotado y a elegir pareja También pueden advertir a rivales y depredadores.

¿Lo sabes?

1. ¿Cómo se llama un arrecife circular?
2. ¿Qué tipo de coral forma el arrecife: duro o blando?
3. ¿Qué son las zooxantelas?

Respuestas en las páginas 132-133.

Coral duro

El coral duro construye el arrecife. Sus pólipos tienen esqueletos rígidos y calcáreos. El arrecife se construye al crecer más pólipos sobre los esqueletos de los muertos.

Coral blando

Los pólipos de los corales blandos no tienen esqueleto, pero crecen en los arrecifes. Las colonias de corales blandos suelen tener forma de árbol o arbusto.

Camuflaje

Los colores destacan en el agua cristalina del arrecife. El color de estos peces de arrecife combina con los rosas y naranjas brillantes de los corales.

Zooxantelas

Estas algas fabrican alimentos azucarados por fotosíntesis. Comparten este alimento con los pólipos. A cambio, los pólipos proporcionan a las algas un lugar seguro para vivir y les suministran dióxido de carbono para realizar la fotosíntesis.

¿Cuáles son las zonas más cálidas del océano?

Las fuentes hidrotermales son las zonas más cálidas del océano. Chorros de agua hirviendo llena de minerales disueltos brotan a través de grietas en el lecho marino. En plena oscuridad, estos minerales ayudan a mantener una cadena alimentaria de bacterias y animales, como gusanos y cangrejos de aspecto extraño.

¿Qué vive en las fuentes hidrotermales?

Gusanos de tubo gigantes

Cerca de las chimeneas se agrupan gusanos de tubo de branquias rojas de casi 2 m de longitud. Las bacterias de su interior les dan alimento.

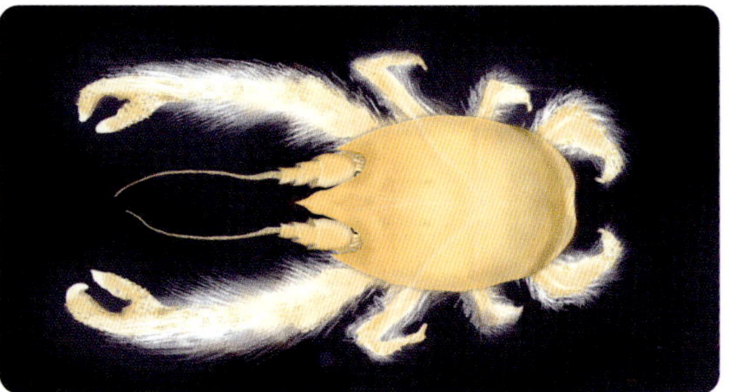

Cangrejo Yeti

Es conocido por sus largos pelos. Debe su nombre al Yeti, la legendaria criatura peluda que se dice que vive en el Himalaya, en Asia.

Chorro mineral

Cuando el chorro caliente se mezcla con el agua fría del océano, algunos de los minerales disueltos se solidifican. Se depositan en el fondo marino o se acumulan formando altas chimeneas.

Calentamiento

El agua se filtra por las grietas del fondo marino. El magma que está bajo la superficie calienta el agua y disuelve los minerales.

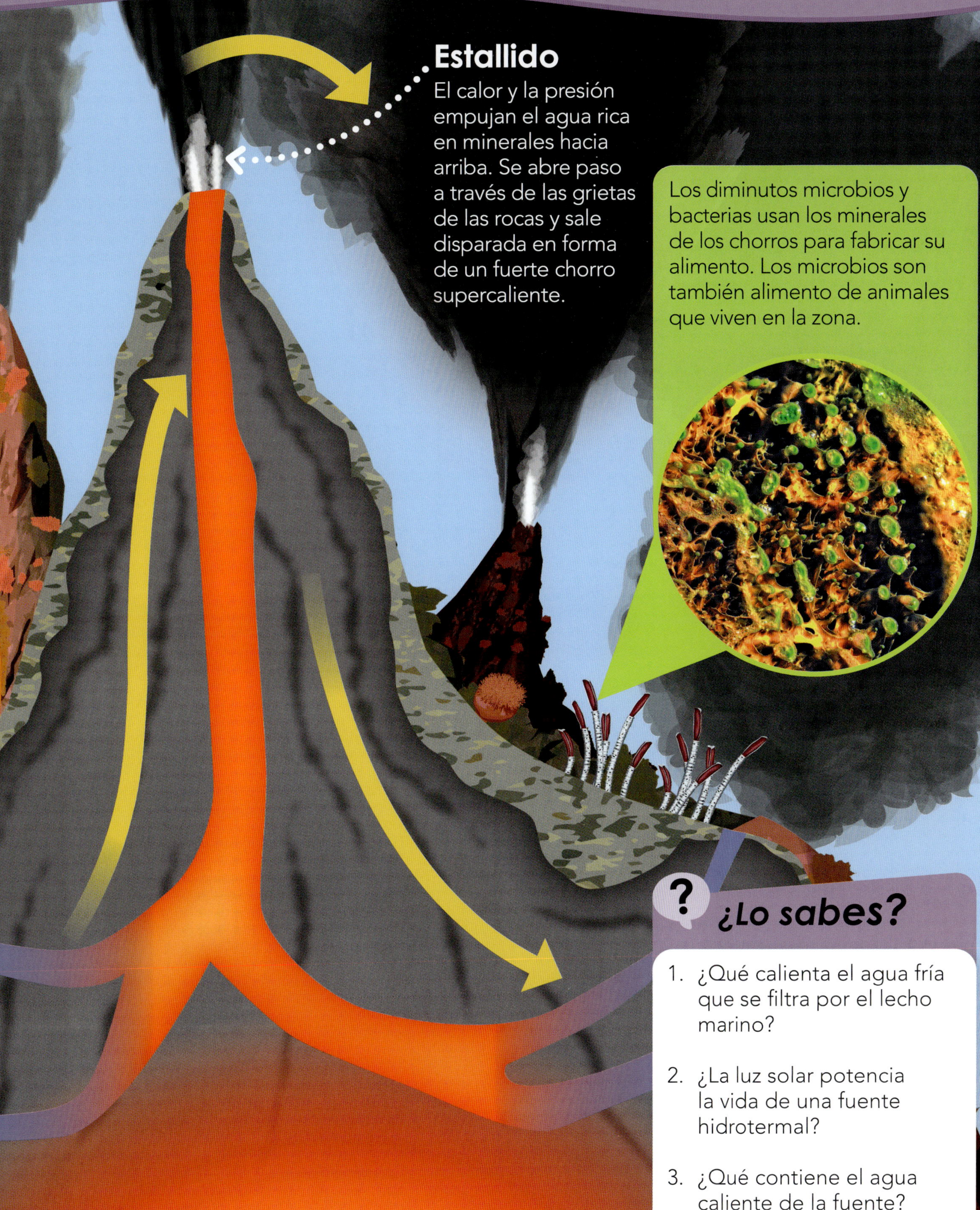

Estallido

El calor y la presión empujan el agua rica en minerales hacia arriba. Se abre paso a través de las grietas de las rocas y sale disparada en forma de un fuerte chorro supercaliente.

Los diminutos microbios y bacterias usan los minerales de los chorros para fabricar su alimento. Los microbios son también alimento de animales que viven en la zona.

¿Lo sabes?

1. ¿Qué calienta el agua fría que se filtra por el lecho marino?
2. ¿La luz solar potencia la vida de una fuente hidrotermal?
3. ¿Qué contiene el agua caliente de la fuente?

Respuestas en las páginas 132-133.

¿Crecen árboles en agua salada?

Los bosques de manglares crecen en costas fangosas de regiones tropicales. A diferencia de otros árboles, soportan los altos niveles de sal del agua marina. Muchos animales marinos hallan refugio y alimento entre las raíces de los manglares.

¿Qué vive entre las raíces de los manglares?

Cangrejo violinista

Con la marea baja, sale de su madriguera para alimentarse. El macho agita su única pinza grande para atraer a las hembras.

Pez soplón

Este pez sobrevive fuera del agua. Para respirar, absorbe oxígeno por su piel húmeda. Se arrastra sobre el barro con sus aletas y trepa por las raíces de los manglares.

Cocodrilo marino

Es el cocodrilo más grande del mundo. Visita los manglares para cazar presas refugiadas entre las raíces.

Raíces en zanco

Las raíces en zanco salen del tronco y se curvan hacia el barro. Las raíces recogen oxígeno del aire, distribuyen el peso del árbol y lo anclan en su lugar.

Los manglares filtran la sal del agua cuando entra por sus raíces. Algunos la eliminan a través de las hojas, en forma de cristales que se crean en la superficie de estas.

¿Lo sabes?

1. ¿Dónde crecen los manglares?
2. ¿Cuál es el cocodrilo más grande del mundo?
3. ¿Cómo sobrevive el pez soplón fuera del agua?

Respuestas en las páginas 132-133.

Raíces de esnórquel

Algunos manglares tienen raíces bajo el lodo con las puntas en forma de esnórquel: asoman por el lodo y recogen oxígeno del aire en la marea baja.

¿Por qué no se congelan?

Los animales polares de sangre caliente, como las orcas y pingüinos, tienen una capa de grasa que los mantiene calientes en el mar helado de los polos. Los peces polares de sangre fría suelen tener sustancias químicas en el cuerpo que impiden que se conviertan en bloques de hielo.

Pingüino emperador

La sangre de los pies del pingüino está más fría que la del resto del ave, y los pies pierden menos calor con el agua y el hielo.

Las ballenas de Groenlandia tienen una capa de grasa de hasta 50 cm.

Draco

Tiene el hocico parecido al de un cocodrilo. Produce sustancias químicas anticongelantes que impiden que se le congele la sangre.

Oso polar

Su pelaje impermeable protege a los osos polares cuando nadan. Sus orejas pequeñas y su cola corta reducen la zona de pérdida de calor corporal.

Capa de grasa

Dermis, la capa más gruesa de la piel

Epidermis, la capa externa de la piel

Capa de grasa

Tejido conjuntivo

La capa de grasa atrapa el calor corporal y protege del frío a muchos animales polares. Al mismo tiempo almacena una energía que el animal puede utilizar cuando escasea el alimento.

Foca barbuda

Como todas las focas, la foca barbuda tiene una gruesa capa de grasa bajo la piel. Esto le ayuda a mantenerse caliente en el agua y cuando descansa sobre el hielo marino.

Orca

Las orcas son mamíferos de sangre caliente. Generan calor en el interior de su cuerpo, lo que les ayuda a mantener una temperatura estable.

¿Lo sabes?

1. ¿Por qué la sangre del draco no se congela?
2. La orca ¿es un pez o un mamífero?
3. ¿De qué espesor es la capa de grasa de la ballena de Groenlandia?

Respuestas en las páginas 132-133.

¿Crecen flores en el océano?

Las espinas se rompen en la piel de un depredador.

Sí, pero la mayoría de la gente no las ve. Casi todas las cosas del océano que parecen flores son en realidad invertebrados, animales sin columna vertebral. Lo que parecen pétalos de colores suelen ser partes del cuerpo que el animal utiliza para alimentarse.

¿Planta espinosa?

¿Es un cardo? No, es un erizo de mar, cubierto de espinas protectoras que parecen hojas espinosas. Algunos erizos tienen espinas venenosas.

Colores mortales

Estas «flores» en forma de trompeta son zoantarios, parientes de los corales y de las anémonas. Sus colores brillantes advierten de que son venenosos.

Los pólipos de zoantarios crecen en colonias.

Las flores fecundadas producen semillas.

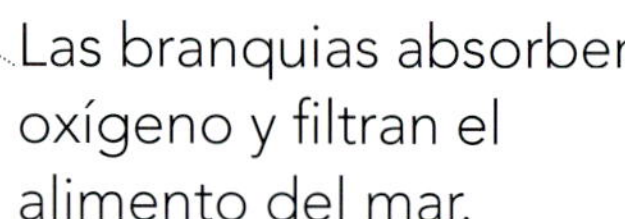

Las branquias absorben oxígeno y filtran el alimento del mar.

Espirales

Las branquias del gusano árbol de Navidad parecen racimos de flores. El resto del cuerpo del gusano está enterrado en el lecho marino dentro de un tubo.

¿Por qué las algas no dan flores?

Las algas marinas no son verdaderas plantas. En lugar de flores que producen semillas, liberan esporas microscópicas de sus hojas. Las esporas masculinas fecundan a las femeninas para que se formen nuevas algas.

Los brazos llevan el alimento a la boca.

Volantes

El brillante y tupido lirio de mar es un animal con hasta 200 brazos con volantes. Extiende estos brazos para alimentarse, y las corrientes hacen que ondulen en el agua.

Los tentáculos matan a las presas y disuaden a los enemigos.

Coral

El coral joya parece un racimo de flores en maceta. Cada uno de sus pólipos tiene 24 tentáculos urticantes alrededor de la boca.

Flor verdadera

Las hierbas marinas son las únicas plantas que florecen bajo el océano. Las flores masculinas liberan polen en el agua. El polen fecunda las flores femeninas.

? ¿Lo sabes?

1. ¿Cuál de ellos produce la única flor oceánica?
   a) erizo de mar
   b) hierba marina
   c) zoantario

2. ¿Qué liberan las algas en el agua para reproducirse?
   a) esporas
   b) polen
   c) semillas

Respuestas en las páginas 132-133.

¿Hay bosques en el océano?

En las frías aguas costeras florecen inmensos bosques. Sin embargo, aunque se llamen bosques, ¡no hay árboles en ellos! Están formados por quelpos gigantes, que no son plantas, sino algas. Los bosques de algas gigantes dan cobijo a peces y otros animales marinos.

Tortuga verde

Paralabrax clathratus

Estrella girasol

¿Emigran algunos peces a la orilla?

Algunos peces viven permanentemente cerca de la costa, pero otros son visitantes ocasionales. Ciertos peces de mar abierto, como las sardinas y las anchoas, llegan en grandes bancos para alimentarse del plancton de las aguas costeras.

Vida en el suelo del bosque

Los erizos de mar, los ofiuras y los caracoles pastan entre los quelpos. Los pepinos de mar se alimentan de restos de quelpos en descomposición, mientras que las estrellas girasol se alimentan de pepinos de mar, erizos y caracoles.

Bosques de quelpos

Los bosques de quelpos gigantes se elevan 30 m o más sobre el lecho marino. Se anclan al fondo con unos zarcillos. El quelpo gigante puede crecer 45 cm en un día.

Nadar en el bosque

Focas y leones marinos nadan entre los quelpos y cazan peces. Las nutrias marinas se refugian aquí de las tormentas y los tiburones. Son buenas para el bosque, porque se comen los erizos que atacan los quelpos.

¿Lo sabes?

1. ¿El quelpo gigante es un tipo de planta oceánica?
2. ¿Por qué los bancos de sardinas llegan a la costa?
3. ¿Cómo se anclan al fondo los quelpos gigantes?

Respuestas en las páginas 132-133.

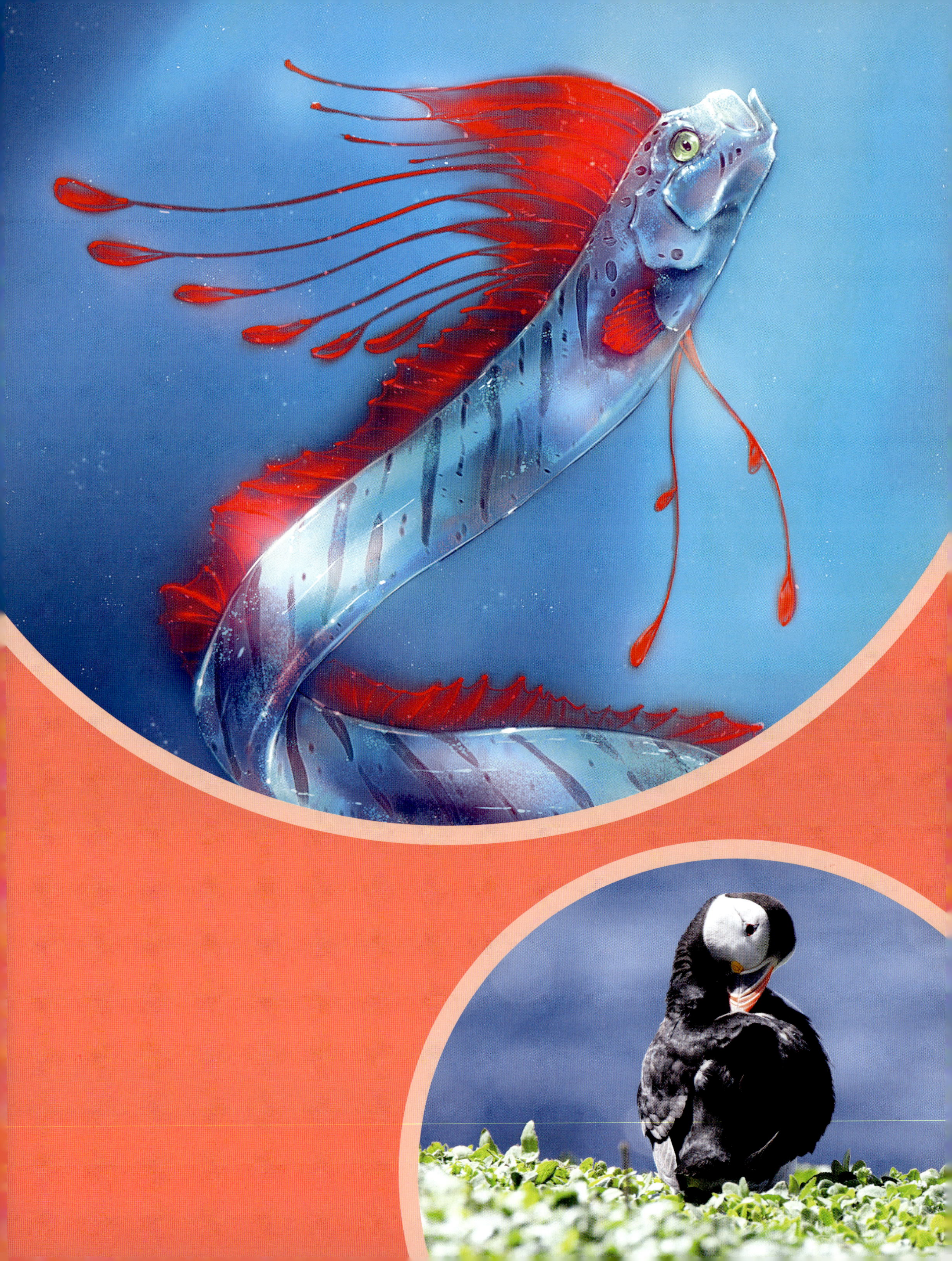

Vida oceánica

El océano alberga una extraordinaria variedad de seres vivos, desde las algas microscópicas y los animales que forman el plancton hasta las enormes ballenas y tiburones que son los principales depredadores del océano. La energía solar hace posible la vida marina, igual que la terrestre.

¿Cómo el Sol sostiene la vida?

Las plantas y algas marinas emplean la energía de la luz solar para alimentarse y crecer. La energía pasa a los animales que las comen y luego a los depredadores que los cazan. La forma en que la energía se mueve entre seres vivos se denomina cadena alimentaria.

Sol

La luz es una forma de energía. Puedes sentir el poder calorífico de la luz solar en tu piel en un día soleado.

Superdepredador

En la cima de la cadena alimentaria hay un depredador que no tiene enemigos: el superdepredador.

Las orcas son el superdepredador de esta cadena alimentaria: se come las focas, pero no las caza ningún otro animal.

La foca leopardo caza muchos animales, como aves, mamíferos y peces.

Peces grandes

Los peces pequeños, a su vez, son devorados por peces más grandes, que así obtienen su energía.

El bacalao antártico caza al diablillo antártico.

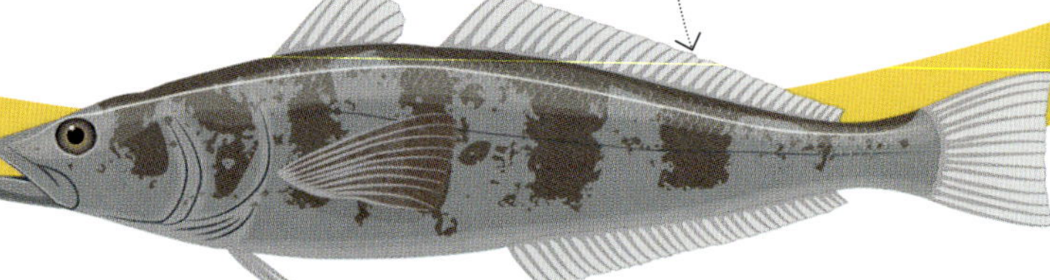

Mamíferos

Los peces grandes pueden ser devorados por depredadores más grandes, como las focas.

Los dinoflagelados son unas algas microscópicas.

Fitoplancton

Las algas microscópicas llamadas fitoplancton utilizan la energía de la luz solar para fabricar su propio alimento con la fotosíntesis.

El zooplancton incluye el kril, parecido a las gambas.

Zooplancton

Estas diminutas criaturas comen algas y absorben su energía.

El diablillo antártico engulle grandes cantidades de kril.

Peces pequeños

El zooplancton da alimento y energía a los peces pequeños. Así, la energía asciende por la cadena alimentaria.

¿Todos los peces son carnívoros?

No, algunos peces de arrecife, como el pez cirujano, el *Ecsenius bicolor* y el pez loro, se alimentan de algas y evitan que haya demasiadas en el coral. Otros comen tanto algas como pequeños animales.

Pez cirujano amarillo

Ecsenius bicolor

? ¿Lo sabes?

1. ¿Qué animales cazan orcas?
2. ¿El pez cirujano amarillo come algas?
3. ¿Cómo se denomina el paso de alimentos y energía de un ser vivo a otro?

Respuestas en las páginas 132-133.

El más grande

Con 12 m de longitud, el tiburón ballena es el pez más grande. Este gigante nada con la boca abierta, recogiendo zooplancton, peces y calamares.

Empuje

El agua empuja hacia arriba el cuerpo del tiburón ballena. Cuanto más grande es el animal, mayor es el empuje ascendente para sostenerlo.

¿Por qué en el mar viven los animales más grandes?

El agua es más densa que el aire y sostiene mejor los cuerpos. Por eso en el océano los animales pueden crecer tanto. Cuando llegan a la costa, las ballenas, los tiburones y los calamares gigantes quedan indefensos y flácidos sin agua que los sostenga.

Los ojos del calamar colosal son como balones de fútbol, los más grandes del mundo animal.

El animal más grande

La ballena azul es el animal más grande que ha existido jamás. Es ligeramente más larga y tres veces más pesada que *Dreadnoughtus*, uno de los dinosaurios más grandes.

Soporte corporal

El cuerpo del tiburón ballena se sostiene con un esqueleto de cartílago. El cartílago es fuerte pero mucho más ligero que el hueso, y es muy flexible.

¿Cómo de gigante es el calamar colosal?

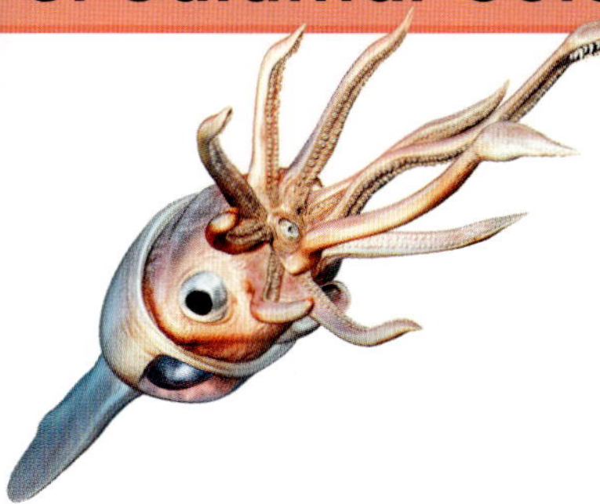

Este calamar alcanza unos 14 m de longitud. Es el mayor de todos los invertebrados (animales sin columna vertebral). Vive en el océano Antártico, donde caza peces y otros calamares.

¿Lo sabes?

1. ¿Por qué los grandes animales marinos quedan flácidos en la orilla?
2. ¿Qué tipo de animal es el calamar colosal?
3. ¿Era el *Dreadnoughtus* más grande que la ballena azul?

Respuestas en las páginas 132-133.

Sepia apama

La sepia puede cambiar instantáneamente de color y textura para adaptarse al entorno. Así se vuelve casi invisible en el coral, la roca o la arena.

Pulpo mimo

Ahuyenta a los depredadores imitando el color, la forma y el movimiento de criaturas venenosas, como serpientes marinas, peces león y medusas.

¿Cómo se camuflan los animales?

Algunos animales utilizan el color o la forma para confundirse con el fondo o imitar a otros: se camuflan. Puede ayudarles a esconderse de cazadores hambrientos o a acercarse a sus presas sigilosamente.

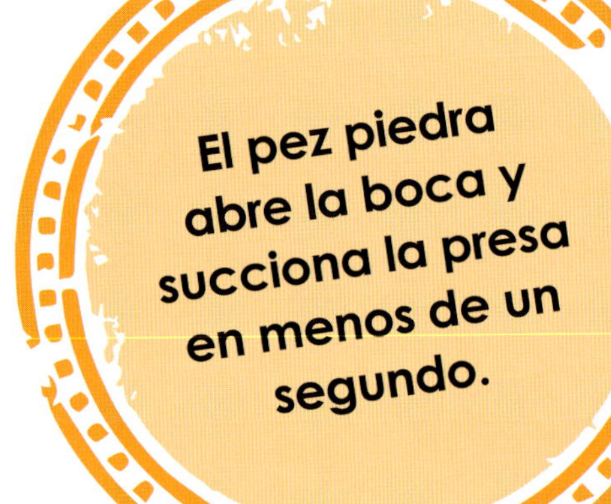

Dragón de mar foliado

Sus aletas en forma de hoja lo ocultan entre las frondas de algas y las hojas de hierba marina. Los dragones de mar son primos cercanos de los caballitos de mar.

Pez piedra

Con su piel rugosa y moteada, es difícil de ver entre piedras, rocas y arrecifes. Está muy quieto hasta que un pez nada lo bastante cerca y lo engulle en un instante.

¿Cómo se mantienen a salvo los cangrejos decoradores?

Para enmascarar su aspecto, los cangrejos decoradores se cubren con objetos que encuentran en el fondo marino. Pegan a los pelos de su cuerpo, que tienen forma de anzuelos, trozos de algas, pequeñas conchas y piedras, e incluso animales, como esponjas.

¿Cierto o falso?

1. Los cangrejos decoradores decoran el fondo marino con caparazones.
2. El dragón de mar foliado está emparentado con el caballito de mar.
3. El pez piedra come muy despacio.

Respuestas en las páginas 132-133.

¿Son inteligentes los pulpos?

Los pulpos son unos de los invertebrados más inteligentes. Usan herramientas y resuelven problemas, como desenroscar la tapa de un tarro de mermelada. Saben adaptarse a hábitats distintos y escapar o luchar contra los depredadores.

¿Utilizan herramientas los peces?

Sí. El *Choerodon* aplasta las almejas contra el coral para romperlas y comerlas. Cuando los animales emplean los objetos que les rodean, se dice que utilizan herramientas.

Pulpo veteado

Recoge valvas vacías de almeja para esconderse. Se rodea el cuerpo con dos de ellas a fin de protegerse de sus depredadores.

Gran cerebro

Aunque tiene otros ocho cerebros, el pulpo está controlado principalmente por un cerebro central, en forma de rosquilla, situado dentro de la cabeza.

Ventosas

Cada tentáculo tiene dos filas de ventosas musculosas que pueden agarrar presas y otros objetos. Las ventosas también pueden saborear y notar objetos.

¿Cierto o falso?

1. Un pulpo sabe desenroscar la tapa de un tarro de mermelada.
2. Los pulpos tienen ocho cerebros.
3. El pulpo veteado recoge valvas con las almejas dentro.

Respuestas en las páginas 132-133.

¿Qué cangrejo se esconde en caparazones?

La parte posterior del cangrejo de los cocoteros joven es blanda, por lo que se esconde en un caparazón viejo para protegerse. El cangrejo desecha el caparazón una vez que se ha formado una cubierta dura sobre su abdomen.

Tentáculos inteligentes

El pulpo tiene un pequeño cerebro en cada tentáculo, que se mueve por sí solo sin que el cerebro principal le dé instrucciones.

¿Los peces ven en la oscuridad?

En lo más profundo, muchos peces son ciegos, pero en la zona crepuscular, donde llega algo de luz, la mayoría ven. Algunos tienen ojos grandes para captar el máximo de luz. Los que tienen ojos pequeños dependen de otros sentidos, como el olfato.

¿Cómo evitan ser vistos los animales oceánicos?

Ctenóforo rojo

La luz roja no llega a las profundidades oceánicas, por lo que el rojo es allí un buen color de camuflaje. Para otras criaturas de las profundidades, cuyos ojos solo ven el azul, el ctenóforo rojo parece negro.

Pez hacha

El cuerpo de un pez hacha es tan delgado que cuesta de ver desde abajo. Los órganos luminosos que tiene a lo largo del vientre rompen la silueta del pez si se ve contra el agua más brillante por encima.

Pez duende

Los ojos en forma de tubo de este pez son excelentes para captar la luz en la penumbra. La parte frontal de su cabeza es transparente, para que llegue a los ojos la mayor cantidad de luz posible.

¿Cierto o falso?

1. Los animales del fondo utilizan la electricidad para brillar con luz propia.
2. En la profundidad del océano solo se ve el rojo.
3. Muchos peces de aguas profundas son ciegos.

Respuestas en las páginas 132-133.

Dorso oscuro

El color más oscuro del dorso del pez duende lo camufla contra el fondo turbio.

Ojos

El pez dirige sus ojos tubulares hacia arriba en busca de alimento. Los ojos giran hacia delante y el pez se lanza hacia arriba para atrapar a su presa.

«Bioluminiscencia» significa «luz de los seres vivos».

Escamas plateadas

Las escamas brillantes de su cuerpo reflejan la luz lejos de los ojos de depredadores y presas.

¿Qué es la bioluminiscencia?

La bioluminiscencia es la forma en que los animales brillan con luz para confundir a sus depredadores, atraer a sus presas o a sus parejas. Sus cuerpos contienen bolsas de bacterias que producen luz a partir de sustancias químicas.

Rape de aguas profundas

¿Cuáles son los mayores depredadores?

La orca es el único enemigo natural del gran tiburón blanco.

Los mayores depredadores son las ballenas, los tiburones y los delfines. Algunos surcan las aguas superficiales en busca de presas. Otros buscan alimento en las turbias profundidades del océano.

Las orcas viven y cazan en manadas.

Cachalote

Este cazador del tamaño de un autobús se sumerge más de 2 km para alimentarse de calamares de aguas profundas. Puede aguantar la respiración durante 90 minutos.

En su enorme cabeza tiene el cerebro más grande de todos los animales.

¿Qué otras criaturas mortales viven en el océano?

Pulpo de anillos azules
Sus llamativos anillos azules avisan de que su mordedura es venenosa. Su saliva tóxica es capaz de matar a una persona.

Pez globo
Su cuerpo contiene un veneno letal. Cuando se siente amenazado, se hincha en una bola espinosa para disuadir a los depredadores.

¿Lo sabes?

1. ¿Qué cazador tiene el cerebro más grande?
2. ¿Cuántos dientes tiene un tiburón blanco?
3. ¿Cuánto tiempo aguanta la respiración el cachalote?

Respuestas en las páginas 132-133.

Su musculoso cuerpo le permite alcanzar una velocidad máxima de 56 km/h.

Orcas

Las orcas, un tipo de delfín, son mamíferos inteligentes. Se alían para hacer caer focas de los témpanos de hielo y forman manadas para matar ballenas mayores que ellas.

Gran tiburón blanco

El tiburón blanco tiene unas poderosas mandíbulas recubiertas de 300 dientes afilados y dentados. Este depredador solitario caza focas, delfines, peces grandes e incluso ballenas.

¿Los peces migran?

Una anguila europea puede tardar un año en nadar desde su río natal hasta el mar de los Sargazos.

A veces. Hay peces que hacen largos viajes para alimentarse o desovar (reproducirse). Suelen ser viajes circulares en el mar. Sin embargo, algunos abandonan el mar para desovar en ríos de agua dulce, y otros salen nadando del río para reproducirse en el océano salado.

Los salmones nadan del océano a los ríos.

Los peces jóvenes vuelven al mar.

OCÉANO PACÍFICO

Las anguilas adultas nada[n] hacia el mar [de] los Sargazos

Salmón rojo

Tras vivir como adultos en el Pacífico, los salmones rojos remontan los ríos de Norteamérica saltando los rápidos. Mueren poco después de desovar. Los nuevos peces jóvenes vuelven al mar cuando alcanzan la edad suficiente.

¿Cómo se orientan los peces?

Los científicos creen que los tiburones, los salmones y otros peces migratorios se orientan en mar abierto con la ayuda del campo magnético de la Tierra. Su agudo olfato también puede ayudarles cuando se acercan a la costa.

Anguila europea

Esta anguila vive en los ríos europeos. Cuando crece, nada 5000 km a través del océano Atlántico para desovar y morir en el mar de los Sargazos. La corriente arrastra a las crías de anguila de vuelta a Europa.

¿Lo sabes?

1. ¿Qué utiliza un tiburón para orientarse en mar abierto?
   a) su oído
   b) su cola
   c) el campo magnético de la Tierra
2. ¿Qué hace el salmón rojo después de desovar?
   a) vuelve nadando al mar
   b) muere
   c) se queda a vivir en el río

Respuestas en las páginas 132-133.

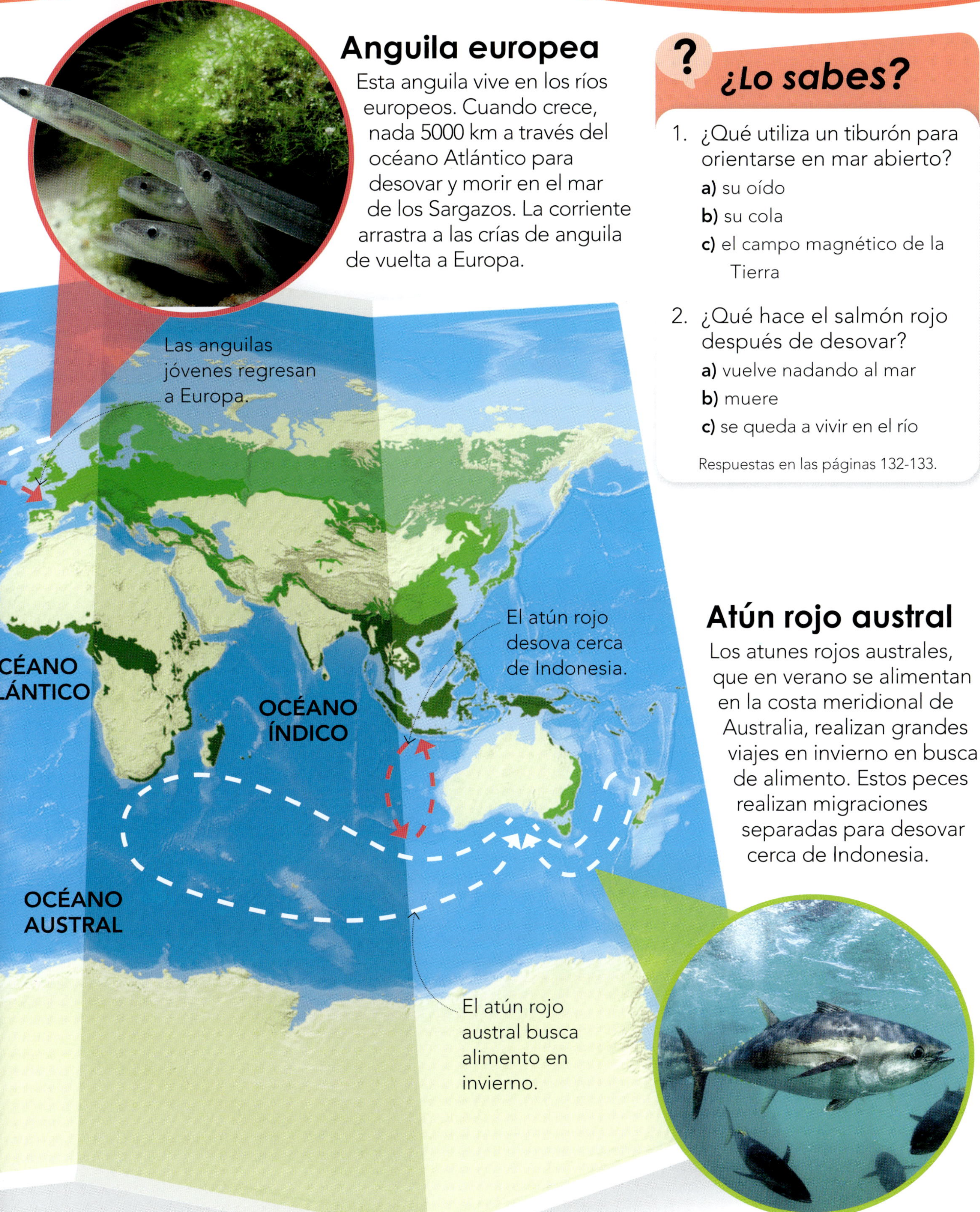

Atún rojo austral

Los atunes rojos australes, que en verano se alimentan en la costa meridional de Australia, realizan grandes viajes en invierno en busca de alimento. Estos peces realizan migraciones separadas para desovar cerca de Indonesia.

Cerdo de mar

El cerdo de mar es un pepino de mar de las profundidades oceánicas. Su cuerpo es transparente y de color rosado. Se arrastra por el fango en busca de alimento.

Pulpo Dumbo

El pulpo Dumbo agita un par de aletas en forma de oreja que tiene en la cabeza para impulsarse en el agua. Se dirige con sus ocho tentáculos.

Pez trípode

El pez trípode tiene unos largos radios que sobresalen de sus aletas, que parecen antenas y le sirven para detectar presas. También los utiliza para sostenerse.

Pluma marina

¿Qué vive en las profundidades?

El fondo oceánico está cubierto de lodo blando. Son los restos putrefactos de vida marina muerta que han caído en el agua. Muchos animales del fondo del mar buscan restos comestibles, y los depredadores van a la caza de estos carroñeros del fondo marino.

¿Lo sabes?

1. ¿Cómo se mueve en el agua el pulpo Dumbo?
2. ¿Qué tipo de animal es el cerdo marino?
3. ¿Cómo detecta una presa en el lodo el granadero?

Respuestas en las páginas 132-133.

Araña de mar gigante

Esta criatura parecida a una araña camina por el fondo marino sobre sus patas largas y delgadas. Con su boca tubular succiona las entrañas de su presa.

Granadero abisal

Cuando el granadero nada justo sobre el lecho marino, los carnosos barbillones de su morro detectan a las presas que se mueven en el lodo. También puede oler la carne podrida desde lejos.

Estrella cesta

En la fosa

En el fondo de las fosas oceánicas, los lugares más profundos, la presión puede ser 1000 veces mayor que en la superficie. Pese a esto, algunos animales sobreviven aquí. Entre ellos hay peces, como la anguila y el pez baboso, y anfípodos gigantes de hasta 30 cm de longitud.

Anfípodo gigante

Doncella abisal

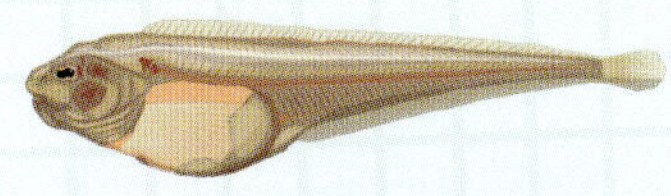

Pez caracol de las Marianas

¿Por qué son flácidos fuera del agua?

Los peces de aguas profundas, como el cabeza gorda, soportan la enorme presión gracias a la gran cantidad de agua de su tejido corporal. En la superficie, con menor presión, su cuerpo blando se hincha y pierden su forma.

¿A qué velocidad nada un pez?

El nadador más veloz del océano es el pez vela, que puede igualar en velocidad a la moto acuática más rápida. Los velocistas como el pez vela nadan despacio la mayor parte del tiempo, y solo aumentan su velocidad para perseguir a las presas más rápidas.

¿Cuál es el pez más lento?

El caballito de mar enano alcanza una velocidad máxima de solo 1,5 m/h. Como todos los caballitos de mar, nada erguido y utiliza su aleta dorsal para impulsarse.

Tintorera

Azul, esbelto y grácil, este tiburón también es rápido. Puede alcanzar velocidades de hasta 69 km/h.

Atún rojo

El atún rojo suele nadar a un ritmo tranquilo, pero este cazador con forma de torpedo puede alcanzar los 70 km/h cuando lo necesita.

¿Cómo flotan los peces?

Muchos peces tienen una bolsa llena de aire llamada vejiga natatoria. La vejiga natatoria les ayuda a flotar en el agua en lugar de hundirse en el fondo. Al dejar entrar o salir gas de la vejiga natatoria, pueden subir o hundirse en el agua.

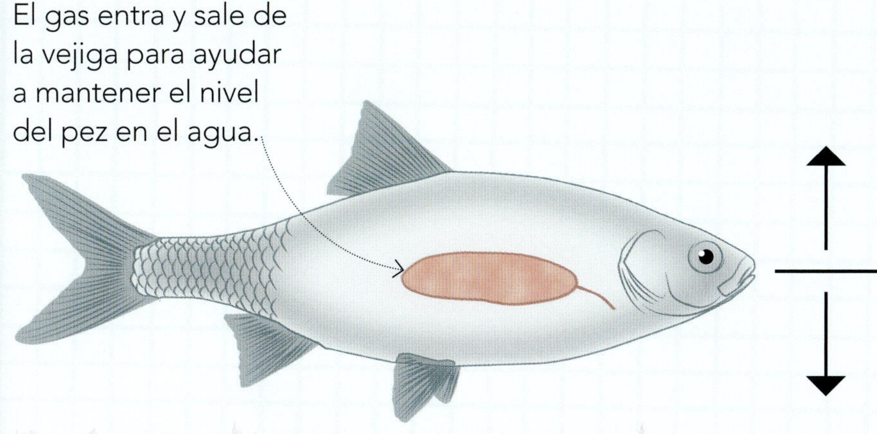

El gas entra y sale de la vejiga para ayudar a mantener el nivel del pez en el agua.

? ¿Lo sabes?

1. ¿Cuál es el pez más rápido?
   a) pez vela
   b) tintorera
   c) atún rojo

2. ¿Qué hace la vejiga natatoria?
   a) ayuda al pez a nadar rápido
   b) mantiene limpio el pez
   c) ayuda al pez a flotar a una altura determinada

Respuestas en las páginas 132-133.

Marlín rayado

Como el pez vela, el marlín tiene la mandíbula superior en forma de lanza. Atraviesa mares cálidos a una velocidad de hasta 80 km/h.

Pez vela

Este rapidísimo depredador mueve la cola de un lado a otro para alcanzar los 110 km/h.

Baja su aleta dorsal en forma de vela para nadar rápido.

Marrajo

El veloz marrajo puede alcanzar los 97 km/h. También puede saltar 6 m fuera del agua para atrapar a su presa.

¿Por qué saltan los delfines?

Los delfines saltan para desplazarse más deprisa. Esto se debe a que la resistencia es menor en el aire que en el agua. Saltar también les ayuda a ver más lejos y a tomar el aire extra que necesitan para nadar rápido. Pueden dar saltos verticales y señalarse unos a otros, ¡o por diversión!

Aleta dorsal

La aleta del lomo es la aleta dorsal. Mantiene al animal erguido en el agua para que no gire lateralmente.

Buena vista

Saltar les ayuda a cazar. Ven aves marinas a lo lejos alimentándose de bancos de peces. Observar la costa les sirve para orientarse.

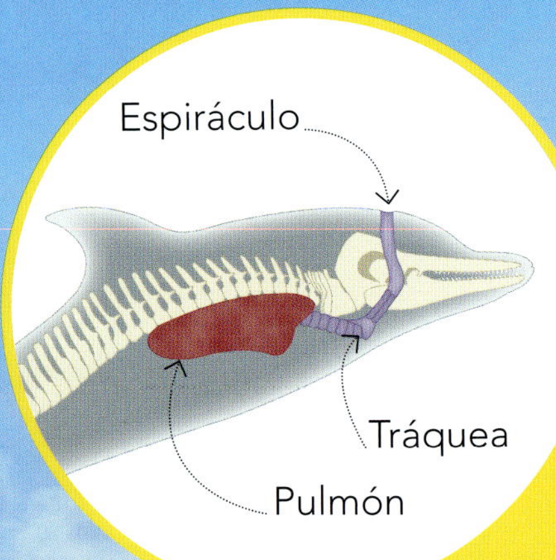

Espiráculo

Cuando salen a la superficie, respiran por un espiráculo (abertura) en la parte superior de la cabeza. Se cierra al sumergirse.

Aleta pectoral

Utilizan las aletas pectorales para orientarse, mantener el equilibrio y parar. No empujan al delfín por el agua.

¿Vuela un pez volador?

Sí y no. A diferencia de las aves, los peces voladores no pueden volar ni aletear. Pero pueden planear. Para escapar del peligro, saltan del agua y surcan el aire con sus aletas extendidas hasta 15 m de distancia.

¿Saltan los tiburones?

Sí, algunos saltan. El tiburón blanco da grandes saltos para atrapar presas que se mueven con rapidez. El tiburón aleta negra sale del agua haciendo girar el cuerpo mientras nada hacia arriba entre bancos de peces.

Gran tiburón blanco

¡Qué imagen!

¿Qué animal salta del agua al hielo?

Respuesta en las páginas 132-133.

Diseño veloz

Su cuerpo en forma de huso o torpedo, sus aletas hacia atrás y su piel lisa ayudan al delfín a surcar el agua con facilidad.

Cola

El delfín nada moviendo la cola arriba y abajo. Los músculos del dorso y los costados del delfín mueven la cola con fuerza.

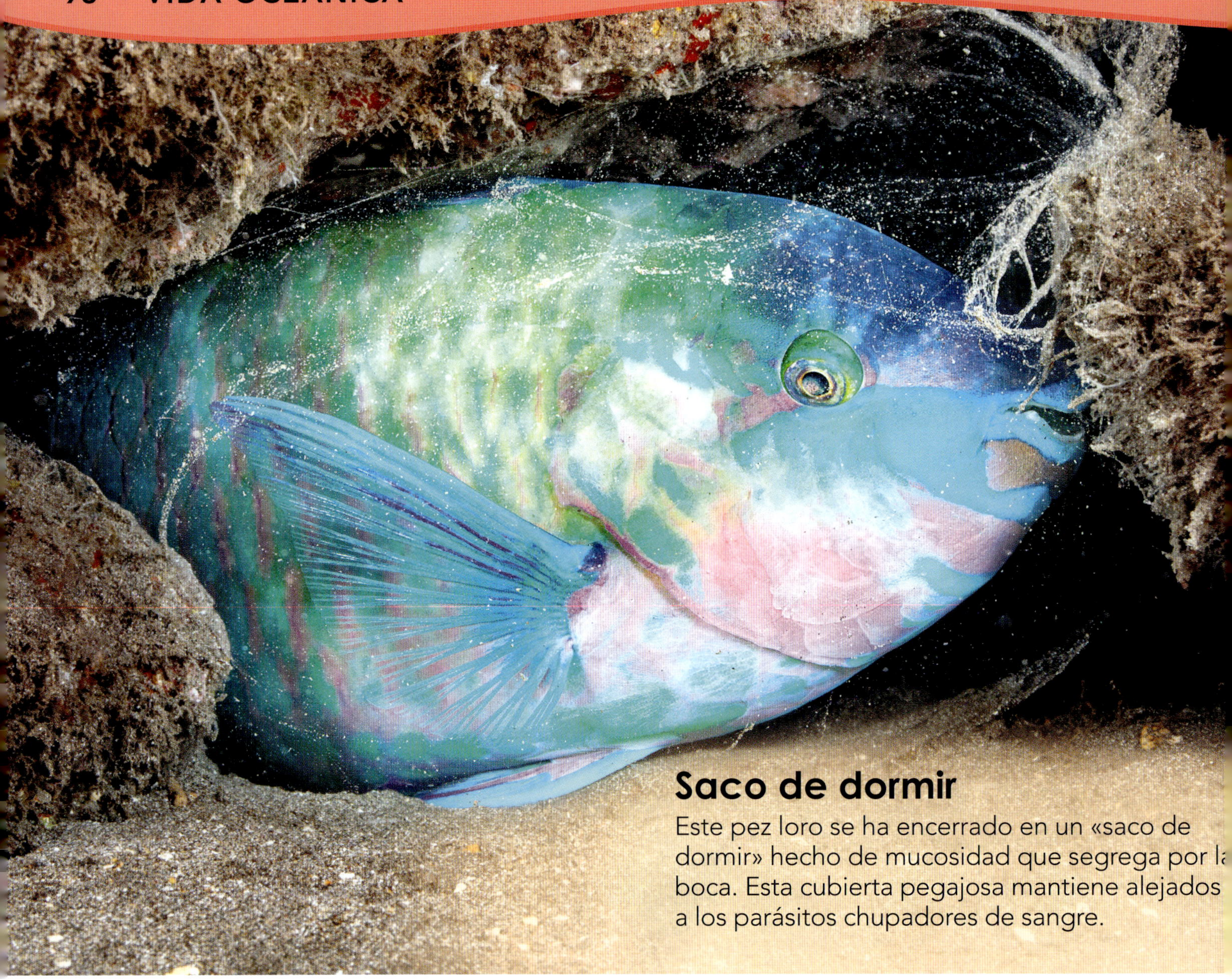

Saco de dormir
Este pez loro se ha encerrado en un «saco de dormir» hecho de mucosidad que segrega por la boca. Esta cubierta pegajosa mantiene alejados a los parásitos chupadores de sangre.

¿Duermen los peces?

Muchos peces tienen un tiempo de descanso en el que no responden a las cosas que les rodean, igual que nosotros cuando nos dormimos. Flotan en el agua o se esconden en un lugar seguro. Sin embargo, otros peces no dejan de moverse y parece que nunca duermen.

Los peces no cierran los ojos cuando descansan, ¡porque no tienen párpados!

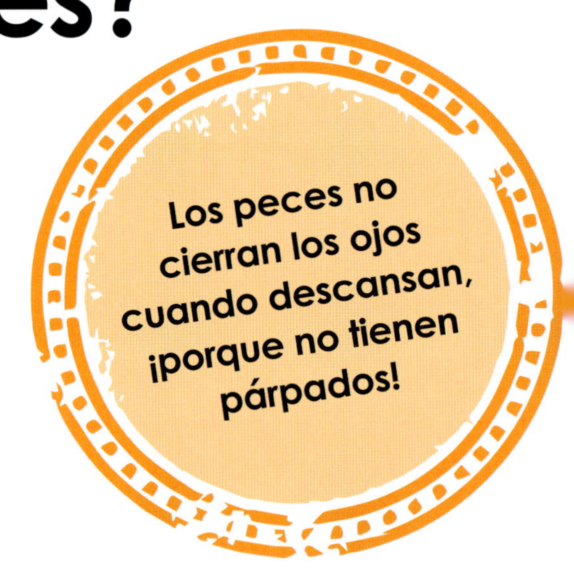

Enterrado

A la hora de dormir, el lanzón enrosca el cuerpo en el fondo arenoso. Enterrado y sin que lo vean, descansa y ahorra energía hasta que emerge de nuevo para alimentarse.

Siesta en el fondo

Muchos tiburones nadan sin parar para mantener sus branquias en funcionamiento. Pero algunos, como el tiburón de Port Jackson, pueden descansar en el fondo. Abre y cierra la boca para bombear agua sobre sus branquias.

Escondite seguro

Cuando descansa en el arrecife, el pez ballesta se encaja entre las ramas de coral. Levanta las espinas de la espalda para fijarse firmemente en su lugar, de modo que los depredadores no puedan arrastrarlo.

¿Por qué los delfines duermen con un ojo abierto?

Solo la mitad del cerebro del delfín duerme. La otra mitad sigue despierta para que el delfín pueda seguir respirando, y un ojo permanece abierto para vigilar las amenazas. Cuando la mitad derecha del cerebro duerme, el ojo izquierdo se cierra. El ojo derecho se cierra cuando la mitad izquierda del cerebro descansa.

? *¿Lo sabes?*

1. ¿Respira el delfín mientras duerme?
2. ¿Qué pez se esconde en la arena para descansar?
3. ¿Por qué el pez loro en reposo se cubre de una mucosidad pegajosa?

Respuestas en las páginas 132-133.

¿Cómo sobreviven las aves en el mar?

El océano es una rica zona de alimentación para las aves. Algunas, como los albatros, pasan la mayor parte de su vida en mar abierto. Otras hacen vuelos cortos sobre el océano para alimentarse, lanzándose desde acantilados o salientes rocosos.

Albatros

Esta magnífica ave marina solo va a tierra para reproducirse. Se alimenta principalmente de calamares, que captura justo debajo de la superficie.

¿Cómo se orienta un ave marina?

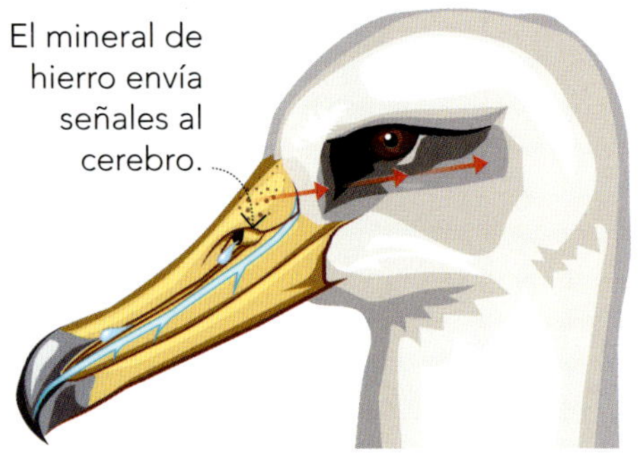

Los albatros y petreles se orientan con el olfato y con el campo magnético de la Tierra. Su pico contiene mineral de hierro que responde al magnetismo de la Tierra mientras sobrevuelan la superficie.

Alas

El albatros extiende sus alas largas y rígidas para elevarse sin esfuerzo en el viento. Los huesos de las alas se encajan a la altura del codo.

Pies palmeados

Rema con las patas cuando se posa en el agua para comer. Despega corriendo sobre la superficie y batiendo las alas.

Vuelo de altura

Un albatros puede mantenerse en el aire mucho tiempo elevándose con el viento y planeando de nuevo hacia el mar. Este tipo de vuelo consume muy poca energía, ya que el ave solo necesita batir las alas de vez en cuando.

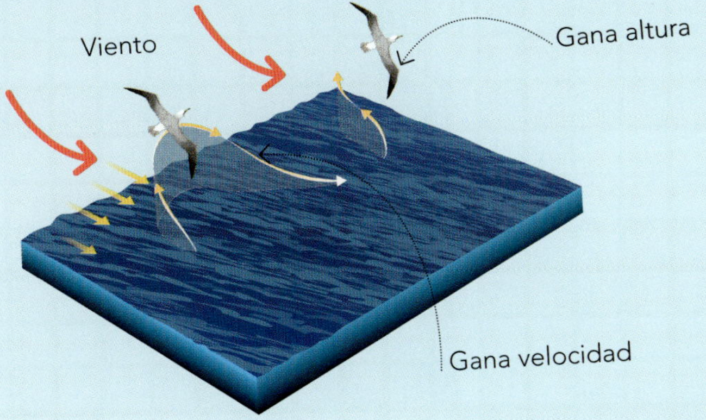

Para buscar alimento para sus polluelos, el albatros puede volar hasta 2600 km desde el nido.

Plumas

Las plumas lo mantienen caliente y seco. Como todas las aves, utiliza el pico para limpiarlas y cubrirlas de aceite protector. Esto se llama acicalamiento.

Fosas nasales

El albatros tiene orificios nasales en forma de tubo en el pico. Estos canalizan los olores y ayudan al ave a oler calamares a gran distancia.

¡Qué imagen!

¿Qué hace este frailecillo en sus plumas?

Respuesta en las páginas 132-133.

¿Qué les pasa a los animales marinos al morir?

¿Qué es la nieve marina?

Es la lluvia incesante de materia en descomposición de organismos muertos que cae al fondo del mar. La vida de las profundidades depende de ella para alimentarse.

Al morir, las criaturas del océano se hunden. La mayoría son devorados en su descenso, pero algunos llegan al fondo marino y sirven de alimento a los animales que viven en el lecho oceánico. El cadáver de un animal grande, como una ballena, alimenta a muchos seres vivos durante años.

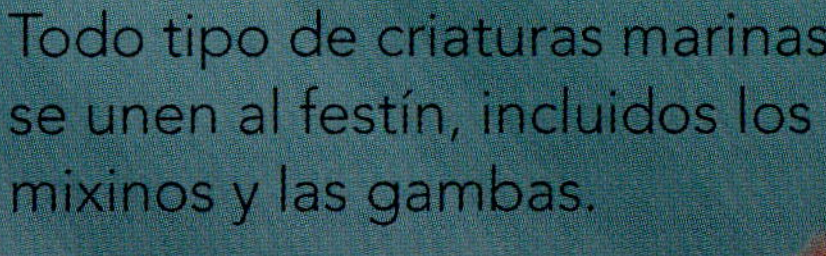

Todo tipo de criaturas marinas se unen al festín, incluidos los mixinos y las gambas.

Carnívoros

Pocas horas después de que una ballena muerta toque el fondo del océano, llegan los tiburones y otros peces carnívoros. Se comen la grasa, los músculos y los órganos internos del cetáceo.

Carroñeros

Langostas, poliquetos y otros pequeños animales llegan para alimentarse del cuerpo de la ballena, que se desintegra lentamente Algunos gusanos se alimentan del aceite de ballena impregnado en el lecho marino.

¿Cómo se forman los fósiles?

Los fósiles se forman cuando los cuerpos de los peces quedan enterrados en sedimentos. Los cuerpos se convierten gradualmente en roca a lo largo de miles de años. Solo las partes duras del cuerpo de un pez se fosilizan, las blandas se pudren rápidamente.

¿Lo sabes?

1. ¿Qué llega antes al cadáver de una ballena, un gusano de tubo o un poliqueto?
2. ¿Todos los animales muertos llegan al fondo?
3. ¿Qué partes del cuerpo de un pez pueden fosilizarse, las blandas o las duras?

Respuestas en las páginas 132-133.

Las bacterias que quedan sustentan una rica variedad de vida marina, como mejillones, gusanos de tubo, almejas y lapas.

Una pelusa rosa de *Osedax* devoradores de huesos cubre el esqueleto.

Banquete de bacterias

Pronto solo queda el esqueleto de la ballena. Las bacterias digieren los huesos, y sus residuos son el alimento de otras bacterias que crecen en las proximidades.

¿Hay serpientes marinas?

Sí y no. Ciertamente, hay serpientes que nadan en el océano. Tiempo atrás, los marineros contaban historias de monstruos marinos. Puede que estas historias se basaran en serpientes marinas, calamares gigantes y otras criaturas de las profundidades.

¿Lo sabes?

1. ¿Hay serpientes en el mar?
2. ¿En qué tipo de animal se dice que estaba basado el kraken?
3. Los peces remo ¿son grandes depredadores?

Respuestas en las páginas 132-133.

Tiburón anguila

Este tiburón depredador da miedo. Tiene mandíbulas anchas con dientes afilados como agujas. Cada diente tiene forma de tridente, con tres puntas. Su cuerpo en forma de serpiente puede alcanzar los 2 m de longitud.

Pez remo gigante

Este pez de aguas profundas rara vez se ve en la superficie y puede alcanzar 8 m de longitud. Sin embargo, esta enorme criatura es en realidad un inofensivo comedor de plancton que carece de dientes y escamas.

Serpiente de mar

La serpiente de mar de vientre amarillo vive toda la vida en el mar, sin salir nunca a tierra. Tiene un fuerte veneno, pero solo mide 1 m de largo, no lo bastante para asustar a los rudos marineros.

Monstruos mitológicos

Los marineros contaban historias de serpientes marinas que aterrorizaban a sus barcos. Se decía que estas criaturas tenían cuerpos increíblemente largos que podían salir del agua y enroscarse alrededor de los mástiles antes de engullir a los marineros como cena.

¿Es real el kraken?

El kraken es un legendario monstruo marino de la mitología nórdica, que se cree que se basa en el calamar gigante. Este, sin embargo, con hasta 13 m de longitud, no es tan grande como el kraken y no sería capaz de hundir un barco.

El océano y nosotros

El océano nos proporciona alimentos, minerales, energía y mucho más. En su mayor parte está aún sin explorar, y siempre hay algo que descubrir. Lo que sí sabemos es que la actividad humana está cambiando el océano y dañando la vida que vive en él.

Energía

En el fondo marino hay grandes reservas de petróleo y gas. También obtenemos energía de las olas y las mareas, y del viento mediante turbinas eólicas como estas.

Alimento

El pescado y el marisco son una rica fuente de proteínas y otros nutrientes. En todo el mundo, unos 60 millones de personas trabajan en la pesca y la piscicultura.

Rocas y minerales

Obtenemos sal del océano evaporando el agua del mar. La arena y la grava de las playas se utilizan para la construcción. También hay metales valiosos en los fondos marinos.

¿Nos ayudan los océanos?

Los océanos son esenciales para nuestra vida. Ayudan a regular el clima y nos dan alimentos, energía, minerales, puestos de trabajo y actividades de ocio. Transportar mercancías por mar es más barato y menos perjudicial para el medio ambiente que hacerlo por aire.

Alrededor del 80% de todas las mercancías se transportan por mar.

Vivir junto al mar

El mar proporciona alimentos y la posibilidad de viajar y comerciar. Se han construido muchas ciudades a lo largo de la costa y cerca de estuarios, donde los ríos desembocan en el océano.

Deporte y ocio

Las actividades acuáticas incluyen vela, surf, natación, esnórquel y submarinismo. Las motos acuáticas y las lanchas ofrecen emociones fuertes a algunos, y otros prefieren disfrutar de la playa.

Transporte

Los portacontenedores y los petroleros llevan mercancías y combustible por el mundo. Los ferris llevan pasajeros por mar y los cruceros llevan a los turistas de vacaciones por el océano.

¿Para qué sirven los cables que recorren el fondo marino?

Los cables de comunicación del fondo marino envían señales telefónicas y de internet entre distintos continentes y países. Algunos recorren miles de kilómetros. También hay cables oceánicos que transportan electricidad y tuberías submarinas que transportan petróleo, gas e incluso agua dulce.

Reparación de un cable submarino.

¿Cierto o falso?

1. Hay tuberías submarinas que bombean petróleo.
2. Cuatro quintas partes de las mercancías del mundo se transportan por mar.
3. Obtenemos sal del océano congelando el agua de mar.

Respuestas en las páginas 132-133.

¿Cómo criar los peces?

Muchos peces y animales marinos se crían en cautividad en el mar. Es lo que se llama piscicultura. A menudo se crían salmones y lubinas, ostras, mejillones y gambas. Las algas también pueden cultivarse en piscifactorías.

Más de la mitad del pescado y el marisco que se consume procede de piscifactorías.

¿La piscicultura perjudica el medio ambiente?

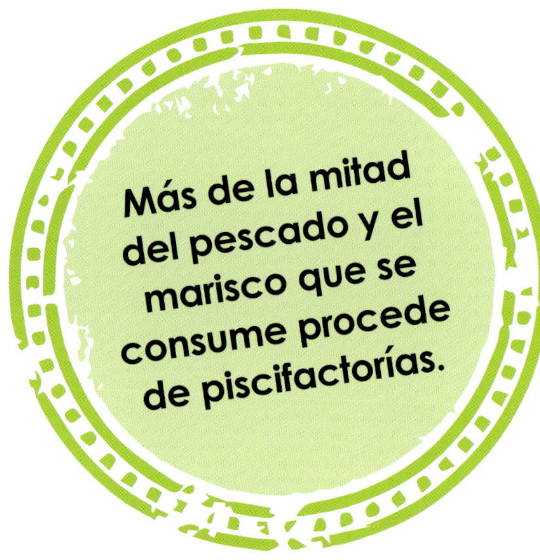

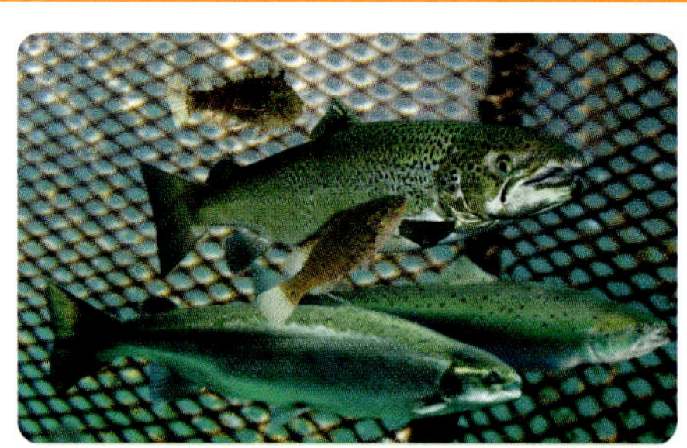

Los productos usados para mantener sanos a los peces pueden contaminar el agua y amenazar la fauna. Los restos de comida y los excrementos pueden generar microalgas nocivas.

Algas marinas

Las algas marinas mejoran la calidad del agua. También se cultivan como alimento y se utilizan para fabricar otras cosas, como abono.

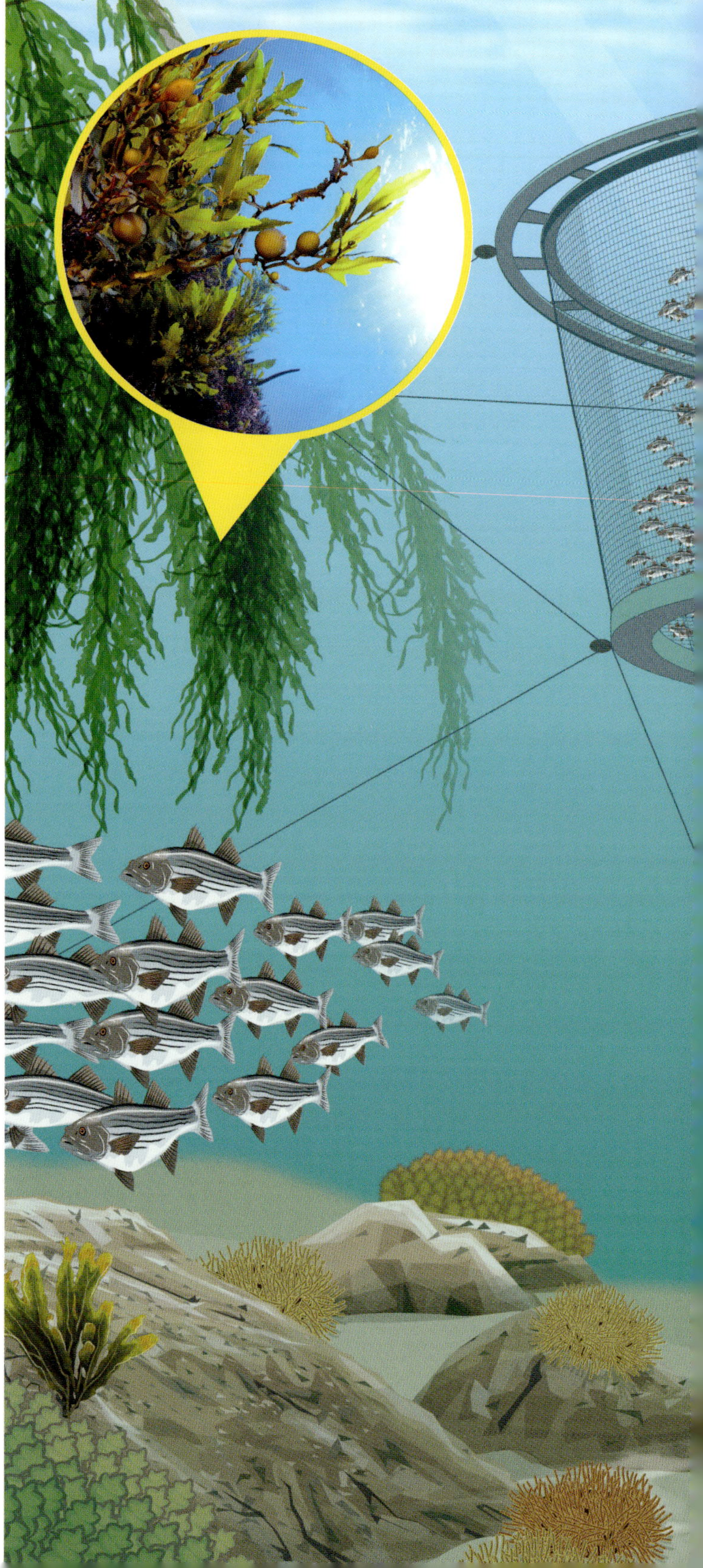

Piscifactoría

En algunas piscifactorías se crían juntos varios tipos de peces y animales marinos. En esta, los desechos de los peces proporcionan nutrientes a los mejillones y pepinos de mar que crecen cerca.

Mejillones

Crecen en cuerdas que cuelgan de boyas. Se alimentan filtrando del agua los nutrientes de los desechos de los peces.

Lubina

Peces como la lubina, la dorada y la serviola se crían en una red cerca de la costa. Se les alimenta con piensos especiales para ayudarles a crecer rápidamente.

Pepino de mar

Los desechos de los peces caen al fondo y se los comen los pepinos de mar, así que no contaminan el agua. Los pepinos de mar son comestibles.

¿Lo sabes?

1. ¿Qué comen los pepinos de mar en las piscifactorías?
2. ¿Qué tipo de animal marino es un mejillón?
3. ¿En qué parte del océano suelen criarse las doradas?

Respuestas en las páginas 132-133.

¿Qué causa un naufragio?

Muchos barcos que descansan hundidos en el fondo del mar fueron arrollados por violentas tormentas. Otros chocaron contra icebergs, arrecifes o rocas, o se hundieron en combate. Algunos estaban tan mal construidos que nunca debieron zarpar.

SS *Central America*

Cargado de pasajeros y oro, este barco de vapor se vio afectado por un huracán en 1857 frente a la costa este de Estados Unidos. Se hundió con la pérdida de 425 vidas y todo el oro.

MS *World Discoverer*

En el año 2000, este crucero chocó contra un arrecife en el Pacífico Sur. Afortunadamente, todos los pasajeros fueron rescatados. El barco aún puede verse hoy, tumbado de costado en una bahía poco profunda.

Arrecife

Huracán

¿Cuál es el naufragio más profundo?

En 1944, el destructor estadounidense USS *Johnston* fue hundido por buques de guerra japoneses frente a la costa de Filipinas, en el Pacífico Occidental. Ahora yace a 6220 m bajo las olas.

? ¿Lo sabes?

1. ¿Qué motivó que se hundiera el *Titanic*?
2. ¿Qué transportaba el *Central América*, además de pasajeros?

Respuestas en las páginas 132-133.

RMS *Titanic*

En 1912, el lujoso transatlántico *Titanic* realizaba su primer viaje cuando chocó con un iceberg y se hundió en el Atlántico.

Iceberg

Vasa

Este buque de guerra sueco estaba mal diseñado. Ni siquiera hizo falta una tormenta, solo una ráfaga de viento, para volcarlo en su primer viaje en 1628.

Vientos oceánicos

Entonces...

Esta imagen muestra el glaciar Banded en el estado de Washington (EE.UU.), en 1960. Los glaciares son enormes «ríos» de hielo que fluyen lentamente sobre la tierra.

La mayor parte del calor adicional producido por el calentamiento global es absorbido por el océano.

¿Cómo nos afecta la subida del nivel?

Las islas bajas, como las Maldivas en el océano Índico, pueden desaparecer bajo las olas si el nivel del mar sigue subiendo. Muchas ciudades costeras de todo el mundo correrán el riesgo de inundarse en el futuro.

¿Sube el nivel del mar?

Sí. Las temperaturas de la Tierra están aumentando y provocan el deshielo de glaciares y capas de hielo. El agua del deshielo se incorpora al océano y hace que suba el nivel del mar. Además, el agua del océano se expande a medida que se calienta, lo que hace que el nivel del mar aumente aún más.

... y ahora

Así era el glaciar Banded en 2016. El calentamiento global ha provocado su deshielo y su reducción desde 1960. El lago de su base ha crecido mucho más.

¿Qué es el calentamiento global?

El calentamiento global es el aumento gradual de la temperatura de la Tierra por la actividad humana. Al quemar combustibles fósiles (carbón, petróleo y gas), liberamos a la atmósfera dióxido de carbono y otros gases, que atrapan el calor, y la Tierra se calienta más.

La atmósfera atrapa de forma natural parte del calor.

El dióxido de carbono y otros gases de efecto invernadero se acumulan en la atmósfera.

Sol

La quema de combustibles fósiles produce dióxido de carbono.

El calor del Sol penetra en la atmósfera.

¿Lo sabes?

1. ¿Qué hace el dióxido de carbono en la atmósfera?
2. ¿Aumentan o disminuyen los glaciares y las capas de hielo de la Tierra?
3. ¿Qué le ocurre al agua de los océanos cuando se calienta?

Respuestas en las páginas 132-133.

¿Por qué el plástico es tan perjudicial?

Algunos animales resultan heridos o mueren al quedar atrapados en plásticos o si confunden objetos de plástico con comida. Las sustancias químicas tóxicas de los plásticos también pueden envenenar a los animales marinos que se alimentan de ellos.

Redes de plástico

Los animales pueden enredarse en viejas redes de pesca de plástico arrojadas al mar. Las redes suelen causar cortes profundos cuando los animales intentan liberarse.

Se encontró una bolsa de plástico en el fondo de la Fosa de las Marianas, el lugar más profundo del océano.

Microplásticos

Las olas y el sol rompen el plástico en trozos diminutos. Los animales que filtran los alimentos del agua ingieren estos microplásticos.

Plástico flotante

Las corrientes hacen que los plásticos se acumulen en unas zonas del océano denominadas manchas de basura. Otros llegan a las playas, poniendo en peligro la vida costera.

¿Puede llegar el plástico a tu plato?

Los plásticos pueden pasar por la cadena alimentaria y acabar en el pescado de tu cena. Los animales pequeños que comen microplásticos son devorados por otros más grandes, que a su vez son presa de criaturas marinas aún mayores.

Comer plástico

Para una tortuga verde, una bolsa de plástico se parece a una sabrosa medusa. Si se la come, se puede asfixiar u obstruírsele el estómago.

Plástico hundido

La mayor parte del plástico del océano acaba por hundirse en el fondo. Sigue siendo una amenaza para los animales del fondo marino durante muchos años.

¿Lo sabes?

1. ¿Qué son los microplásticos?
2. ¿Con qué puede confundir una tortuga una bolsa de plástico?
3. ¿Dónde va a parar la mayor parte del plástico del mar?

Respuestas en las páginas 132-133.

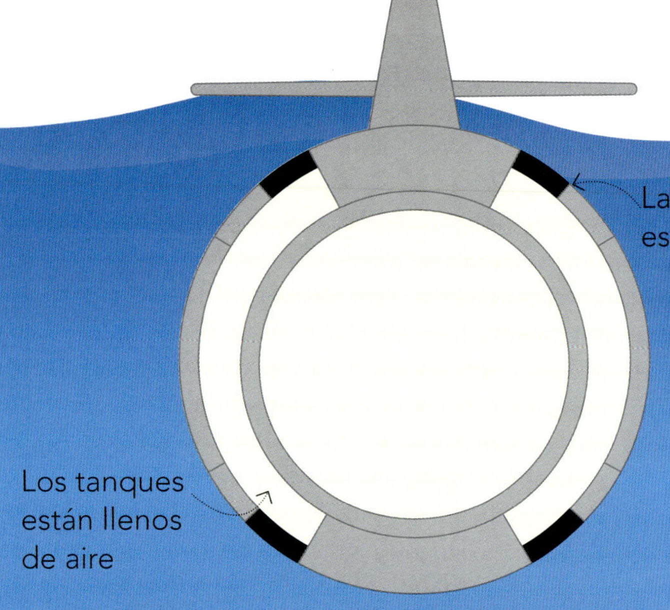

Flota

Cuando los tanques del submarino están llenos de aire, flota en la superficie del océano. El aire es menos denso que el agua, por lo que mantiene a flote al pesado submarino.

Se sumerge

Para sumergirse, las válvulas se abren y el agua de mar inunda los tanques. El submarino es ahora más pesado que el agua, por lo que se hunde. Cuanta más agua absorbe, más se hunde.

Sale el aire.

Las válvulas se abren y los depósitos se llenan de agua.

¿Cómo se sumerge un submarino?

Un submarino se sumerge modificando su flotabilidad. Se hace más denso (más pesado) o menos denso (más ligero) que el agua. Tiene tanques que llena de agua para sumergirse y luego bombea aire para salir a la superficie.

¿Lo sabes?

1. ¿Con qué llena sus tanques un submarino para sumergirse?
2. ¿Cómo gira a izquierda o derecha un submarino?
3. Si un submarino se hace menos denso (más ligero) que el agua, ¿sube o baja?

Respuestas en las páginas 132-133.

Se bombea aire a los tanques

Se cierran las válvulas

Se expulsa el agua.

Emerge

Para emerger, las válvulas se cierran y los depósitos se llenan de aire procedente de un compartimento independiente. El aire expulsa el agua de los tanques. El submarino es ahora más ligero, por lo que sube en el agua.

¿Qué es un sumergible?

Los sumergibles son pequeños submarinos que llevan pocas personas. Un sumergible suele estar unido a un barco en la superficie, que le suministra energía y aire. Otros se mueven libremente.

¿Cómo se gobierna un submarino?

En la parte trasera de un submarino hay dos timones verticales que giran para hacer girar el submarino. También hay «alas» horizontales delante y detrás, los planos de proa y popa. Giran para inclinar el submarino hacia arriba o hacia abajo cuando se eleva o se sumerge.

Los timones dirigen a la izquierda y a la derecha.

Los planos de popa inclinan la parte trasera.

Los planos de proa inclinan la parte delantera.

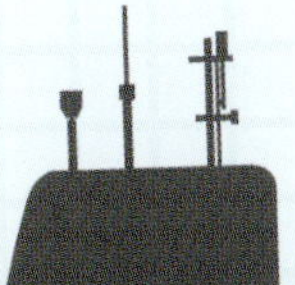

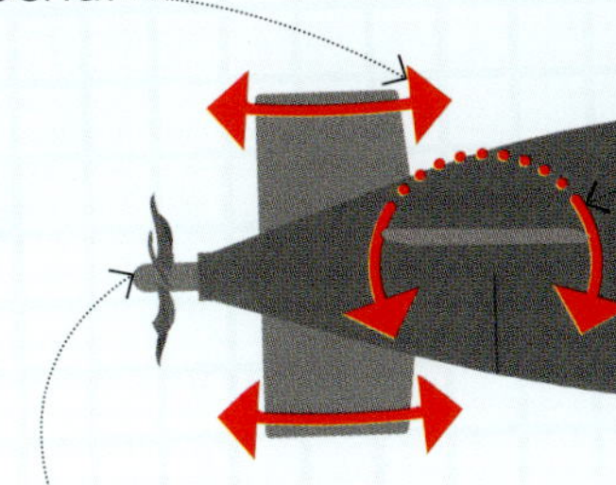

Propulsor

Vulnerables

Leptastrea

Este coral pétreo, o duro, está en peligro por el blanqueamiento causado por el calentamiento del océano por el cambio climático.

La vaquita marina es el mamífero marino más raro: quedan menos de 20 ejemplares adultos.

Amenazados

Pez Napoleón

Es un alimento de lujo en algunos lugares. Está en peligro por la sobrepesca y la destrucción de su hábitat en los arrecifes por el blanqueamiento de los corales.

¿Qué animales están en peligro?

Muchos animales oceánicos se ven amenazados por la actividad humana. Los científicos clasifican a los animales según su grado de peligro. Los animales más amenazados son los que están en peligro crítico. Si no los ayudamos, pronto se extinguirán.

En peligro crítico

Tortuga carey

Las tortugas carey se cazan por su caparazón, con el que se fabrican joyas y adornos. La construcción en las costas ha destruido muchas de sus playas de anidación.

Vulnerables

Cachalote

En el pasado se mató a un gran número de cachalotes por la cera y el aceite de sus cuerpos. Ahora que la caza de ballenas está prohibida, su número se recupera lentamente.

Amenazados

Pingüino de las Galápagos

Vive en las islas Galápagos, en el Pacífico. Está amenazado por la contaminación y las capturas accesorias, y por la introducción de animales portadores de enfermedades, como las ratas.

En peligro crítico

Noriega

Este pez de crecimiento lento tarda unos 11 años en alcanzar la edad reproductora. No se reproduce lo suficiente para compensar la sobrepesca y la captura accesoria.

¿Lo sabes?

1. ¿Por qué se captura la tortuga carey?
2. ¿Qué animales están más amenazados: los vulnerables o los que están en peligro crítico?
3. ¿Qué significa «extinto»?

Respuestas en las páginas 132-133.

¿Qué le pasó a la vaca marina de Steller?

Pariente de los manatíes y los dugongos, la vaca marina de Steller vivía en el mar de Bering, en el Pacífico Norte, hacia el siglo XVIII. En solo 30 años, este mamífero de movimientos lentos y fácil captura fue cazado por los europeos hasta su extinción por su carne, por su grasa y por su piel.

¿Cómo se forma un huracán?

También llamados tifones y ciclones, los huracanes se forman cuando el calor agita el aire cálido y húmedo sobre el mar en zonas tropicales. Pueden traer vientos huracanados que arrasan edificios, lluvias torrenciales que causan inundaciones y olas enormes que anegan la costa.

El mayor huracán de la historia tuvo 2220 km de diámetro, la mitad de la anchura de Estados Unidos.

La rotación de la Tierra hace girar las nubes.

1. Se forman nubes

El calor del sol hace que el agua superficial del océano se evapore. El vapor de agua se condensa al entrar en contacto con el aire frío y forma nubes de tormenta.

El mar debe alcanzar al menos 27 °C para que se forme un huracán.

2. Sopla el viento

Una columna de aire cálido y húmedo asciende en espiral, y forma una enorme rueda de nubes. Alrededor de la columna soplan vientos arremolinados.

¿Hay tornados en el mar?

Los tornados son como los huracanes, pero más pequeños, breves e impredecibles. Aunque la mayoría se producen en tierra, también los hay en el mar. Se forman si el aire ascendente por debajo de una tormenta empieza a girar. Pueden succionar agua del mar y hacer naufragar embarcaciones. En el mar, los tornados son menos violentos que en tierra.

¿Qué es la marejada ciclónica?

Una subida repentina del nivel del mar provocada por una tormenta se llama marejada ciclónica. Se produce cuando los vientos empujan el agua y la hacen chocar contra la costa. Puede inundar zonas costeras, sobre todo si hay marea alta.

3. ¡Huracán!

Al bajar la presión en la columna del centro de la tormenta, llamada ojo, los vientos que la rodean soplan con más fuerza. El aire dentro del ojo está en calma.

¿Lo sabes?

1. ¿Dónde se forman los huracanes?
   - **a)** en las regiones polares
   - **b)** en las regiones templadas
   - **c)** en las regiones tropicales

2. ¿Cómo se llama un tornado en el mar?
   - **a)** marejada ciclónica
   - **b)** géiser
   - **c)** torbellino

Respuestas en las páginas 132-133.

¿Cuándo la pesca es un problema?

La pesca es un problema si se capturan demasiados peces. Al reproducirse menos, nacen menos crías y el número de peces disminuye. A veces se capturan accidentalmente muchos peces y otros animales marinos no deseados. Es lo que se denomina captura accesoria.

Algunos científicos creen que la mayor parte de la población de peces podría desaparecer en 2050.

Arrastre de fondo

Para capturar peces de aguas profundas, se arrastra una red por el fondo que puede arrasar el lecho marino. A menudo se hacen capturas accesorias, ya que todo lo que se interpone a la red es arrastrado.

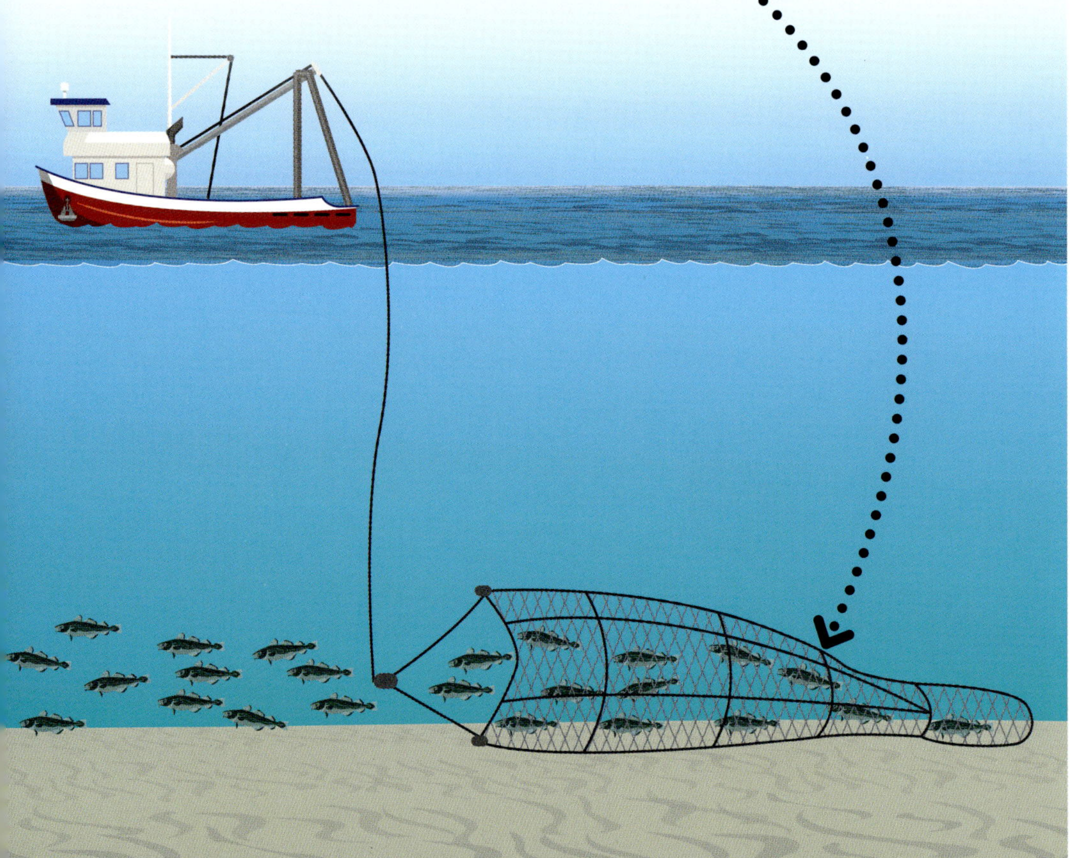

Redes de deriva

Los peces nadan contra esta red colgante y quedan atrapados por las agallas cuando intentan salir. Las tortugas y mamíferos como los delfines pueden quedar atrapados y ahogarse.

¿Se cazan ballenas?

Antes se capturaban muchas ballenas por su carne, aceite, piel y huesos. Esta práctica, denominada caza de ballenas, provocó que algunas especies estuvieran a punto de extinguirse. Hoy en día, la mayoría de los países han prohibido la caza de ballenas.

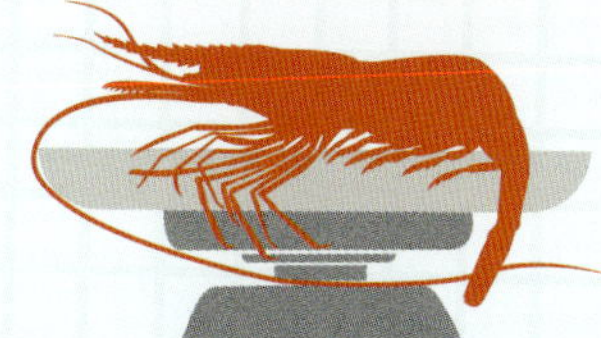

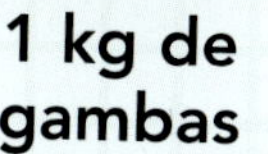

1 kg de gambas

6 kg de otros peces

¿Es malo pescar gambas?

Las gambas son nutritivas, pero por cada kilo puede haber 6 kg o más de capturas accesorias. Un tercio de todas las capturas accesorias del mundo proceden de la pesca de gambas.

¿Lo sabes?

1. ¿Qué son las capturas accesorias?
2. ¿Pescar ballenas está prohibido en todo el mundo?

Respuestas en las páginas 132-133.

Pesca al cerco

Se rodea un banco de peces con una pared de red. A continuación se cierra el fondo de la red y se recoge. Las capturas accesorias suelen ser menores que en otros tipos de pesca.

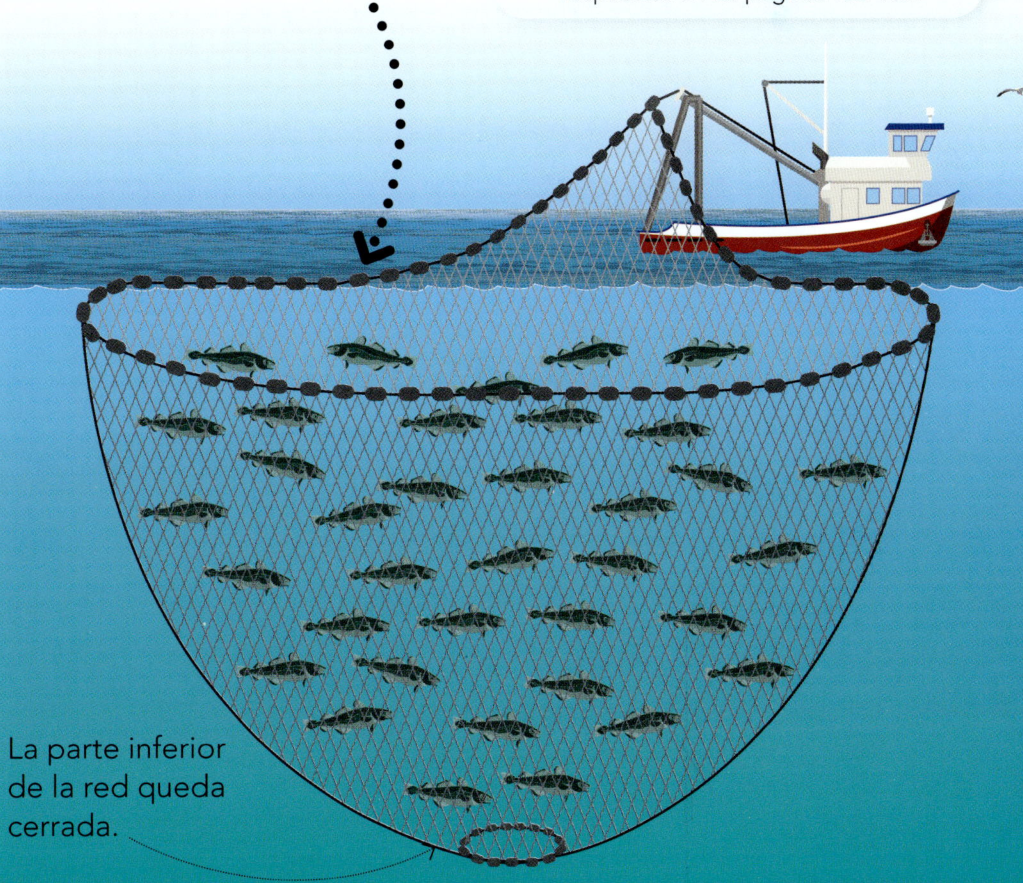

La parte inferior de la red queda cerrada.

Los ROV con cámara se utilizan en misiones de búsqueda y rescate en aguas turbias y bajo el hielo.

Paso 1

Lanzamiento

Este robot submarino es un ROV. El barco lo lleva al punto de inmersión y lo baja al agua. Los cables suministran energía al ROV y envían datos entre el robot y el barco.

Paso 2

Recorrido

El ROV funciona como un submarino teledirigido. Los operadores del barco dirigen el ROV hasta su destino enviando instrucciones al robot a través de los cables.

¿Qué es un robot submarino?

Los robots submarinos investigan el océano: buscan pecios, revisan las tuberías del fondo marino y estudian la vida marina. No llevan tripulación y son más baratos de construir y manejar que los submarinos. Los hay de dos tipos: vehículos operados por control remoto (ROV) y vehículos submarinos autónomos (AUV).

¿Cómo funciona un AUV?

Un AUV es un robot submarino que puede funcionar por sí solo una vez lanzado. No está conectado a un barco en la superficie. Sigue instrucciones programadas en su ordenador de a bordo.

¿Lo sabes?

1. ¿Qué tipo de robot submarino está conectado a un barco de superficie mediante cables, un AUV o un ROV?
2. ¿Qué controla un AUV?
3. ¿Cómo llega un ROV al punto de inmersión?

Respuestas en las páginas 132-133.

Paso 3

Control

A bordo del barco, los operadores ven las imágenes de vídeo de las cámaras del ROV y estudian la información que el robot envía al barco. Deciden qué hace el ROV a continuación.

Paso 4

Recogida

El ROV puede tener sensores que recogen datos de temperatura, presión y salinidad del agua. También puede tener brazos mecánicos que los operadores utilizan para recoger muestras.

Exploración

Se investigan lugares a los que no llegan los submarinistas. Examinan las condiciones del océano y descubren nuevas especies.

Cartografía

El sonar rebota en el fondo. Los ecos devueltos ayudan a los científicos a hacerse una idea del fondo marino.

¿Cómo estudiamos los océanos?

Para saber más sobre los océanos utilizamos buzos, barcos, naves submarinas, satélites y observatorios. Los científicos llamados oceanógrafos estudian el agua de los océanos, las rocas, el tiempo que hace sobre el océano y la vida que hay en él.

En 1957, los geólogos estadounidenses Marie Tharp y Bruce Heezen hicieron el primer mapa del fondo marino del océano.

erforación

rgos taladros cogen muestras sedimentos y cas que informan os investigadores la composición l fondo oceánico.

as perforadoras ueden penetrar arios kilómetros n la roca del ondo marino.

Observación

Un observatorio oceánico es un conjunto de instrumentos fijados al fondo del mar. Controla muchas cosas, como la temperatura y la salinidad del agua y la cantidad de dióxido de carbono que contiene.

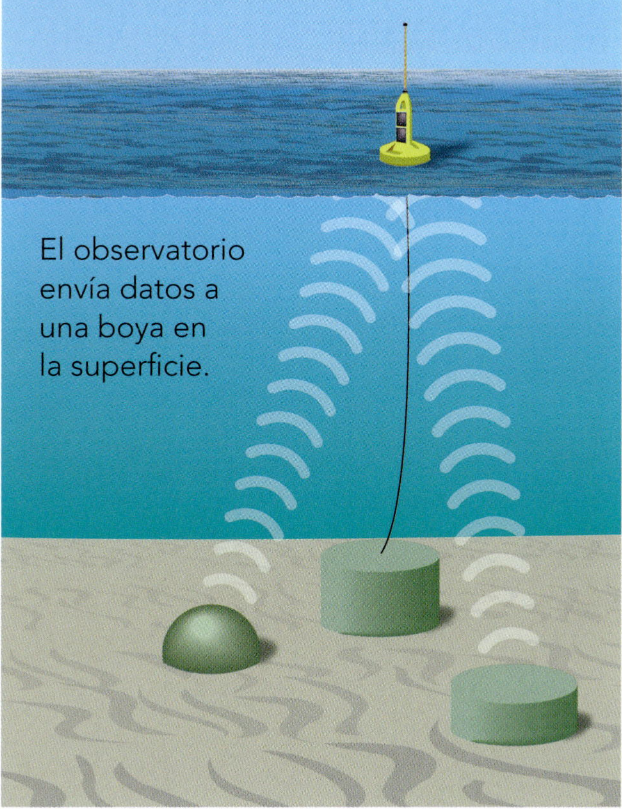

El observatorio envía datos a una boya en la superficie.

Estudio por satélite

Los satélites recogen información sobre el océano. Reciben datos de boyas que flotan en él. Ayudan a medir la temperatura y el nivel del mar. También se utilizan para cartografiar el fondo marino, predecir huracanes o seguir la migración de animales.

Satélite Goes-16

¿Qué hacen los biólogos marinos?

Los biólogos marinos estudian cómo conviven en el océano los animales, las plantas, las algas y unos organismos diminutos llamados microbios, y cómo les afecta la actividad humana. Trabajan en laboratorios y barcos. También bucean para tomar muestras y exploran en sumergibles.

¿Lo sabes?

1. ¿Qué se usa para hacer el mapa del fondo marino?
   a) un telescopio
   b) un sónar
   c) una regla

2. ¿Qué hacen los biólogos marinos?
   a) el mapa del lecho oceánico
   b) estudian la vida oceánica
   c) buscan petróleo en el mar

Respuestas en las páginas 132-133.

¿Cómo podemos cuidar los océanos?

La vida oceánica se enfrenta a muchos retos y amenazas, como el calentamiento global, la contaminación y la sobrepesca. Son problemas enormes y complejos, pero podemos hacer muchas cosas para cuidar los océanos y proteger la vida que contienen.

Energía limpia

Cambiar los combustibles fósiles por la energía eólica, solar e hidroeléctrica (que utiliza el agua para generar electricidad) ayuda a nuestro planeta. Estas fuentes de energía no producen gases de efecto invernadero.

Proteger los animales

Establecer zonas del océano como parques marinos donde la pesca y la caza estén prohibidas o controladas ayuda a proteger a los animales marinos. Los guardas de los parques pueden ayudar a los animales a vivir y reproducirse con seguridad.

Proteger hábitats

La plantación de nuevos plantones puede restaurar los manglares y las praderas marinas dañados. La aprobación de leyes que limiten la construcción en las costas puede proteger los hábitats de daños futuros.

¿Debemos dejar de comer marisco?

El marisco es sano y sabroso. Sin embargo, debemos asegurarnos de que el que comemos se ha capturado o criado de modo que no dañe a otros animales ni a los hábitats marinos. Una forma de hacerlo es buscar etiquetas en el marisco que indiquen que es «de origen responsable» o «de origen sostenible».

? ¿Cierto o falso?

1. La energía hidroeléctrica utiliza el viento para generar electricidad.
2. Los animales se protegen en parques marinos.
3. Los combustibles fósiles son buenos para el medio ambiente.

Respuestas en las páginas 132-133.

Pesca responsable

Podemos pescar de forma que no dañemos el fondo marino y que capturemos el menor número posible de animales no deseados. Si extraemos menos peces del mar, las poblaciones de peces podrán crecer.

Limpiar las playas

Mantener las playas limpias evita que los animales resulten heridos por la basura. Si usamos menos plástico y reciclamos el que utilizamos, podemos ayudar a evitar que llegue al mar.

Reducir la polución

Las aguas residuales suelen contener sustancias químicas nocivas que acaban en el océano. En casa, podemos elegir detergentes y productos de limpieza no tóxicos que no perjudiquen a la fauna.

Respuestas

Página 9 1) Gases volcánicos calientes y vapor de agua. 2) La gravedad impide que el océano salga volando.

Página 11 1) Falso. Era un tipo de reptil. 2) Falso. Era Pantalasa. 3) Cierto.

Página 13 1) Los océanos son más grandes que los mares. 2) Cinco. 3) Sí.

Página 14 La zona fótica.

Página 17 1) El océano Índico. 2) La Gran Barrera de Coral. 3) Peces. Las aves marinas y las ballenas se alimentan de peces.

Página 19 1) Falso. La luz azul es la que llega más al fondo 2) Cierto. 3) Falso. Las algas hacen que el agua del mar se vuelva verde.

Página 21 1) Cierto. Las corrientes son impulsadas por el viento y la rotación de la Tierra. 2) Falso. La corriente del Golfo lleva agua cálida al norte de Europa. 3) Cierto.

Página 23 1) b. 2) c.

Página 25 1) Falso. Pasa de líquido a gas. 2) Falso. Dentro de mucho tiempo, la Tierra será un planeta seco. 3) Cierto.

Página 27 1) Cierto. 2) Cierto. 3) Falso. El 97 % del agua de la Tierra es salada.

Página 29 Rompientes.

Página 31 1) Generalmente cada seis horas. 2) La gravedad de la Luna. 3) Dos.

Página 35 1) Falso. Suelen causarlos los terremotos en el mar, o bien corrimientos de tierra submarinos o erupciones volcánicas. 2) Falso. «Tsunami» significa «ola de puerto». 3) Falso. Las olas de los tsunamis son más grandes cuando el agua se hace menos profunda.

Página 37 b.

Página 39 1) Alrededor de los bordes del océano Pacífico. 2) Se enfría rápidamente y forma una piel negra y vidriosa. 3) El magma se acumula y sale a través de la corteza terrestre.

Página 41 1) Cierto. 2) Falso. El agua dulce es más densa que el agua salada. 3) Falso. Las moléculas del hielo están más separadas que las del agua líquida.

Página 42 1) Cierto. 2) Falso. Pocos volcanes submarinos alcanzan la superficie y forman islas. 3) Cierto.

Página 45 1) Rocas desgastadas por las olas que tienen forma suave y redondeada. 2) En lugares resguardados, como estuarios y bahías. 3) Cuando la roca blanda entre dos zonas de roca dura se erosiona, se crea una bahía.

Página 47 1) Algas. 2) La marea la lleva a la orilla. 3) De un color blanquecino.

Página 49 1) Chocan y una placa es empujada bajo otra. 2) Islandia.

Página 51 1) a. 2) a.

Página 55 1) En aguas costeras cálidas y poco profundas. 2) Porque se alimenta de hierbas marinas. 3) Queda enterrado en el lecho marino.

Página 56 1) Cierto. 2) Falso. Las plumas de mar viven en el fondo del océano, pero no son peces. 3) Cierto.

Página 59 1) b.

Página 61 1) b. 2) b.

Página 63 1) Para cazar peces. 2) Agua salobre. 3) Quedan parcial o totalmente cubiertas de agua.

Página 64 1) Atolón. 2) Coral duro. 3) Unas algas diminutas.

Página 67 1) Magma. 2) No. Los chorros de agua caliente rica en minerales. 3) Minerales disueltos.

Página 69 1) En regiones tropicales. 2) El cocodrilo marino. 3) Absorbe oxígeno a través de su piel húmeda.

Página 71 1) Tiene sustancias químicas anticongelantes en la sangre. 2) Un mamífero. 3) De hasta 50 cm.

Página 73 1) b. 2) a.

Página 75 1) No. Es un tipo de alga marina. 2) Para alimentarse de plancton. 3) Con zarcillos.

Página 79 1) Ninguno. 2) Sí. 3) Cadena alimentaria.

Página 81 1) Porque el agua ya no sostiene sus cuerpos. 2) Un invertebrado. 3) No.

Página 83 1) Falso. Decoran su cuerpo con objetos que hallan en el fondo del mar. 2) Cierto. 3) Falso. El pez piedra es un pez muy rápido, que succiona a su presa en menos de un segundo.

Página 85 1) Cierto. 2) Falso. El pulpo tiene nueve cerebros: uno central en la cabeza y ocho más, uno en cada tentáculo. 3) Falso. Recoge valvas vacías.

Página 86 1) Falso. Las bacterias de su cuerpo utilizan sustancias químicas para producir luz. 2) Falso. La luz roja no llega a la profundidad del océano. 3) Cierto.

Página 89 1) Cachalote. 2) 300. 3) Hasta 90 minutos.

Página 91 1) c. 2) b.

Página 92 1) Agitando un par de aletas en forma de oreja que tiene en la cabeza. 2) Un tipo de pepino de mar. 3) Con los barbillones que tiene en el morro.

Página 95 1) a. 2) c.

Página 97 Un pingüino: un pingüino emperador de la Antártida.

Página 99 1) Sí. 2) El lanzón. 3) Para mantener la piel libre de parásitos.

Página 101 Recubre sus plumas con aceite. Esto se llama acicalamiento.

Página 103 1) Un poliqueto. 2) No. Muchos son comidos antes de llegar al fondo. 3) Las partes duras.

Página 104 1) Sí la hay, pero no son serpientes gigantes. 2) En un calamar gigante. 3) No. Los peces remo gigantes se alimentan de plancton.

Página 109 1) Cierto. 2) Cierto. 3) Falso. Obtenemos sal del mar evaporando el agua salada.

Página 111 1) Residuos de los peces que se crían en la piscifactoría. 2) Marisco. 3) Cerca de la costa.

Página 113 1) Chocó contra un iceberg. 2) Oro.

Página 115 1) Atrapa el calor. 2) Disminuyen. 3) Se expande.

Página 117 1) Piezas diminutas de plástico. 2) Con una medusa. 3) Al fondo del océano.

Página 118 1) Agua. 2) Timones. 3) Sube.

Página 121 1) Por su caparazón. 2) Los que están en peligro crítico. 3) Muerto por completo.

Página 123 1) c. 2) a.

Página 125 1) Las capturas accesorias son peces y otros animales no deseados que se capturan accidentalmente. 2) La caza de ballenas está prohibida en la mayoría de los países, pero no en todos.

Página 127 1) Un ROV. 2) Un ordenador a bordo. 3) Lo lleva un barco.

Página 129 1) b. 2) b.

Página 131 1) Falso. La energía hidroeléctrica utiliza el agua para generar electricidad. 2) Cierto. 3) Falso. Los combustibles fósiles son nocivos para el medio ambiente porque producen gases de efecto invernadero.

¿Lo saben tus amigos?

¿Quién sabe más sobre los océanos? Pon a prueba a tus amigos y familiares con estas preguntas. Respuestas en las páginas 136-137.

Preguntas

1. ¿Cuánto duró la Gran Glaciación?

6. ¿QUÉ CAYÓ DE UN **BARCO EN 1992** Y REVELÓ MUCHO **DE LAS CORRIENTES OCEÁNICAS**?

9. Esta es la **cima de la montaña más alta del océano**. ¿Cómo se llama?

3. ¿Puedes **nombrar** los **cinco océanos**?

2. ¿Qué animal hace montones de barro como este?

4. ¿Por qué este **cangrejo peludo** se llama **cangrejo Yeti**?

5. ¿Qué **hundió** el **SS Central America** en **1857**?

8. ¿Qué parte de un **iceberg** queda **bajo el agua**?

7. ¿Qué **animales cazan** focas leopardo?

11. ¿Cómo se llama cuando los **animales del océano producen su propia luz**?

10. ¿Cómo se llaman los **chorros de agua rica en minerales** del fondo marino?

12. ¿Por qué **sube el nivel del mar**?

13. ¿Cómo se llaman las **losas de roca que forman la corteza de la Tierra**?

14. Una **ballena azul pesa** lo **mismo** que ¿cuántos **elefantes africanos**?

Respuestas

1. MÁS DE **100 MILLONES DE AÑOS.**

6. 29 000 **juguetes de baño.**

11. Bioluminiscencia.

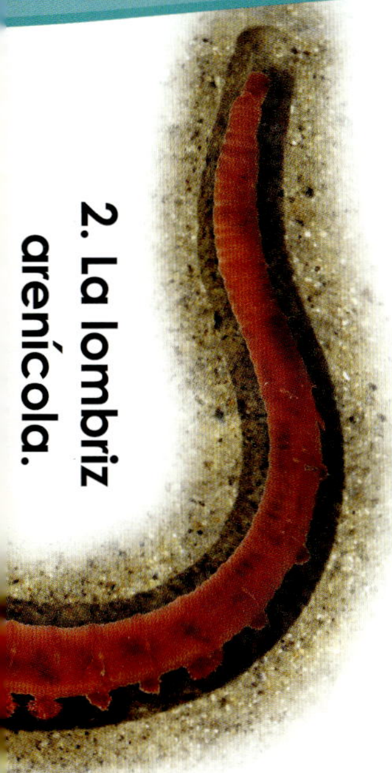

2. La lombriz arenícola.

3. Océano Atlántico, océano Pacífico, océano Índico, océano Austral, océano Ártico.

4. Debe su nombre al yeti, el abominable hombre de las nieves, que se dice vive en el Himalaya.

5. Un huracán.

7. Orcas

8. ¡Un 90 %!

9. MAUNA KEA, EN HAWÁI.

10. FUENTES HIDROTERMALES.

12. Los glaciares y las capas de hielo terrestres se derriten y el agua va al océano.

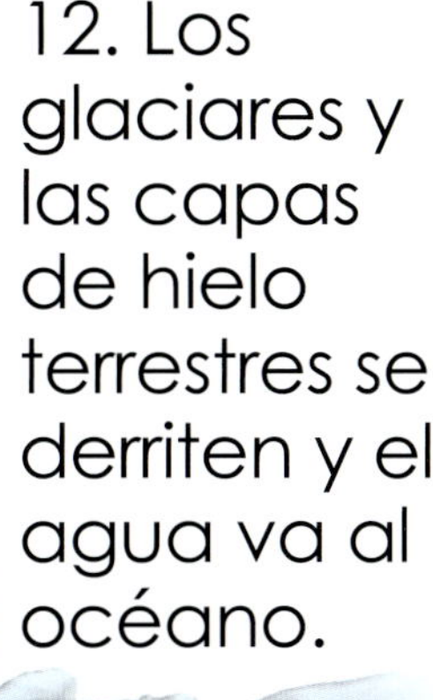

13. Placas tectónicas.

14. Una ballena azul pesa tanto como **30 elefantes africanos**.

Glosario

agua de deshielo
Agua procedente del deshielo de glaciares y capas de hielo.

agua salobre
Agua salada, pero no tanto como la del mar.

aleta dorsal
Aleta del lomo de un pez o mamífero marino.

aleta pectoral
Aleta de peces y otros animales marinos.

algas
Seres vivos simples, parecidos a plantas, que fabrican su alimento con la energía de la luz solar.

biólogo marino
Científico que estudia la vida en el océano.

bioluminiscencia
Luz producida por los seres vivos.

branquias
Órganos que absorben el oxígeno del agua, utilizados para respirar por los peces y algunos otros animales marinos.

capa de hielo
Gran capa permanente de hielo de agua dulce.

captura accesoria
Pescado y marisco no deseado capturado accidentalmente.

cefalópodo
Molusco con cabeza grande y tentáculos, como el calamar o el pulpo.

ciclo del agua
Movimiento del agua entre el océano, la atmósfera y la tierra.

combustible fósil
Combustible producido a partir de los restos enterrados de organismos muertos hace mucho tiempo; el carbón, el petróleo y el gas lo son.

corriente
Flujo grande y regular de agua oceánica.

corteza oceánica
La corteza terrestre bajo los océanos.

crustáceo
Invertebrado con un esqueleto en la parte exterior del cuerpo; los cangrejos y las langostas son crustáceos.

desove
Reproducirse liberando en el agua óvulos y espermatozoides.

dorsal meiooceánica
Cordillera submarina que se forma cuando dos placas tectónicas se separan en el fondo del océano.

empuje
Fuerza que empuja hacia arriba los objetos en el agua.

energía hidroeléctrica
Electricidad producida aprovechando la energía del agua corriente.

espiráculo
Orificio en la cabeza de un delfín o una ballena que sirve para respirar aire en la superficie.

espora
Célula única que puede convertirse en un nuevo ser vivo; las algas, los hongos y algunas plantas utilizan esporas para reproducirse.

estuario
Desembocadura del río, donde el agua se vierte en el mar.

evaporación
Transformarse un líquido en gas.

extinta
Especie de la que han muerto todos los ejemplares.

fitoplancton
Diminutas algas oceánicas que van a la deriva con la corriente.

fosa oceánica
Cañón profundo en el fondo del océano que se forma cuando una placa tectónica es empujada bajo otra.

fuente hidrotermal
Abertura en el fondo oceánico donde brota agua caliente y rica en minerales del interior de la Tierra.

giro
Amplia zona del océano con corrientes giratorias.

glaciación
Largo periodo de condiciones muy frías en la Tierra, cuando gran parte del planeta estaba cubierto de hielo.

glaciar
Río de hielo de agua dulce que se desplaza lentamente por tierra.

hielo marino
Agua salada congelada.

iceberg
Gran trozo flotante de hielo de agua dulce en el océano; los icebergs se desprenden de las capas de hielo y los glaciares.

invertebrado
Animal que carece de espina dorsal.

isla oceánica
Isla que se forma cuando un volcán submarino se eleva por encima de la superficie del océano.

llanura abisal
Enorme zona plana de la profundidad oceánica.

mamífero
Animal con pelo que alimenta a sus crías con leche.

manglar
Bosque de árboles que crece en aguas saladas de regiones costeras.

marea
Ascenso o descenso diario del mar causado por la atracción de la gravedad de la Luna.

marejada ciclónica
Subida inusual del nivel del mar causada por una tormenta.

marisma
Zona amplia y llana de arena y lodo cerca de la orilla que queda al descubierto con la marea baja.

marisma salina
Pradera costera inundada por el océano cuando sube la marea.

microbios
Seres vivos microscópicos, como las bacterias.

microplásticos
Fragmentos de plástico diminutos que se forman cuando la luz del sol y las olas rompen objetos de plástico en el océano.

molusco
Invertebrado de cuerpo blando, a menudo con caparazón duro; las almejas, los mejillones y las lapas son moluscos.

monte marino
Montaña aislada en el fondo del mar.

nieve marina
Caída incesante de diminutos trozos de organismos muertos a través del océano hasta el fondo marino.

oceanógrafo
Científico que estudia los océanos.

parque marino
Zona protegida del océano que se reserva para que la vida marina se desarrolle sin la interferencia humana.

plataforma continental
Fondo marino relativamente plano y poco profundo que rodea un continente.

pólipo
Pequeño animal con cuerpo en forma de copa y boca rodeada de tentáculos que vive fijado al fondo marino; los corales son pólipos.

remolino
Masa de agua que se arremolina en el mar, a la que pueden ser arrastrados objetos.

sedimento
Capa de arena, lodo y otros materiales que se deposita en el fondo del océano.

sobrepesca
Extracción del mar de tantos peces u otras criaturas marinas que tiene como resultado que el número de estos disminuya de una forma drástica.

sonar
Uso de los ecos de las ondas para construir imágenes sonoras para la navegación o la elaboración de mapas del fondo marino.

sumergible
Pequeño vehículo submarino que puede transportar a unas pocas personas.

trópicos
Regiones cálidas de alrededor del ecuador.

válvula
Dispositivo similar a un grifo que controla el flujo de un líquido o gas.

vapor de agua
Agua en forma de gas.

vejiga natatoria
Bolsa llena de gas en el interior de un pez que le permite controlar el nivel al que flota.

zona abisal
Zona fría y oscura del océano entre las zonas de batial y hadal.

zona batial
Área del océano por debajo de la zona de penumbra, donde no llega la luz.

zona de penumbra
Parte del océano por debajo de la zona fótica donde la luz comienza a desvanecerse.

zona fótica
Capa superior del océano, iluminada por la luz solar.

zona hadal
Zona más profunda del océano, en fosas profundas, donde hace un frío glacial, está oscuro y la presión del agua es enorme.

zooplancton
Diminutas criaturas marinas que van a la deriva con la corriente.

zooxantelas
Algas microscópicas.

Índice

JK

L

M

N

O

P

Agradecimientos

DORLING KINDERSLEY quiere agradecer a Katie Lawrence su apoyo editorial, a Caroline Hunt la revisión de los textos y a Helen Peters la preparación del índice.

Asesoramiento Dr. Dave Pawson, científico sénior, emérito, conservador de equinodermos en el National Museum of Natural History, Smithsonian

Smithsonian Enterprises
Kealy Gordon Dirección de Desarrollo de Productos
Jill Corcoran Dirección de Licencias Editoriales
Brigid Ferraro Vicepresidencia de Desarrollo de Negocio y Licencias
Carol LeBlanc Presidencia

Los editores quieren agradecer a los siguientes su amable permiso para la reproducción de sus fotografías:

(Clave: a: arriba; b: bajo/debajo; c: centro; d: derecha; e: extremo; i: izquierda; s: superior)

2 naturepl.com: Chris & Monique Fallows (cdb). **4 Dreamstime.com:** Joan Carles Juarez (cdb). **5 Alamy Stock Photo:** David Chapman (sc); Helmut Corneli (c). **Dreamstime.com:** Vladimir Seliverstov (bc). **6 Science Photo Library:** Dr. Ken Macdonald. **9 Dreamstime.com:** Aoleshko (ca). NASA: MSFC / Aaron Kingery (sc). **10 Alamy Stock Photo:** Hypersphere / Science Photo Library (bi); MasPix (bc). **10-11 Dreamstime.com:** Surasak Suwanmake (fondo). **12 Dreamstime.com:** Antartis (bi). **12-13 123RF.com:** Iakov Kalinin (s). **Dreamstime.com:** Ethan Daniels (bc). **13 Alamy Stock Photo:** ManuelMata (bd). **Dreamstime.com:** Goldghost (cia). **14 Alamy Stock Photo:** NOAA (cd); Oceans Image / Avalon.red (ca, cdb). **Fotolia:** Karl Bolf (cda). **15 Alamy Stock Photo:** Pally (cda); Norbert Wu / Minden Pictures (c). **Science Photo Library:** Claus Lunau (cia). **16 Dreamstime.com:** Martinmark (ci); Vlad1949 (bc). **17 Dreamstime.com:** Steve Boice (sc). **Getty Images / iStock:** ShaneMyersPhoto (cd). **18 Dreamstime.com:** Giovanni Gagliardi (cib). **19 Dreamstime.com:** Andreykuzmin (cda). **21 Dreamstime.com:** Tirrasa (bi). **22 Alamy Stock Photo:** Konrad Wothe / Minden Pictures (ci); Norbert Wu / Minden Pictures (cb). **Dreamstime.com:** Luyag2. **23 Alamy Stock Photo:** Jessica Wilson / NASA / Science History Images (ca). **24 Alamy Stock Photo:** Mark Garlick / Science Photo Library (bi). **26 Alamy Stock Photo:** Tracey Whitefoot (sd). **Science Photo Library:** Dr Ken Macdonald (bd). **27 123RF.com:** Irina Belousa (cdb). **Dreamstime.com:** Kanawat (bi); Dmitry Naumov (si). **29 Dreamstime.com:** Epicstock (cda); Julien Jean (cia). **31 Alamy Stock Photo:** Adam Silver (cb); Tom Uhlman (cd). **32 Alamy Stock Photo:** Galaxiid (s); Doug Perrine (b). **33 Dreamstime.com:** Amilevin (s). **34 Alamy Stock Photo:** Granger Historical Picture Archive NYC (bi). **34-35 Dreamstime.com:** Photomo. **37 NASA:** (sd). **38 Getty Images:** Science Photo Library / Mark Garlick (cib). **38-39 Alamy Stock Photo:** Doug Perrine. **40 Alamy Stock Photo:** Insignis Photography (ci). **40-41 Dreamstime.com:** Marc-andré Le Tourneux. **42 Alamy Stock Photo:** Galaxiid (ci). **44 Dreamstime.com:** Amilevin (cda); Viktor Gladkov. **45 Dreamstime.com:** Jon Bilous. **46-47 Dreamstime.com:** Dasya11. **47 Getty Images:** The Asahi Shimbun (bd). **Science Photo Library:** Dennis Kunkel Microscopy (sc). **48-49 naturepl.com:** Wild Wonders of Europe / Lundgre. **50 Alamy Stock Photo:** Helmut Corneli (bi); FLPA (c). **50-51 Alamy Stock Photo:** ArteSub (c). **52 Alamy Stock Photo:** Artur Golbert (b); Nature Picture Library / Alex Mustard (s). **54 Alamy Stock Photo:** Nature Picture Library / Alex Mustard (bi). **Dreamstime.com:** Idreamphotos (cib). **Getty Images / iStock:** lemga (ci). **54-55 Getty Images / iStock:** E+ / lindsay_imagery. **55 Alamy Stock Photo:** Biosphoto (bd). **56 Dreamstime.com:** Jonmilnes (sc); Alexander Ogurtsov (si). **Getty Images / iStock:** RibeirodosSantos (sd). **57 Alamy Stock Photo:** Nature Picture Library / Constantinos Petrinos (sd); VWPics / Kelvin Aitken (cib); Nature Picture Library (cdb). **Depositphotos Inc:** YAYImages (cb). **Dreamstime.com:** Emilio100 (sc); Suwat Sirivutcharungchit (si). **59 Alamy Stock Photo:** David Chapman (si); B. Mete Uz (sd). **60-61 Dreamstime.com:** Animaflora. **60 Dreamstime.com:** Nigel Hoy (bd). **Science Photo Library:** Dennis Kunkel Microscopy (cib). **61 Dreamstime.com:** Michael Mill (bi). **62-63 Dreamstime.com:** Mihai Andritoiu. **63 Dreamstime.com:** Harry Collins (bc); Brian Kushner (bi). **64 Alamy Stock Photo:** Stocktrek Images, Inc. / Ethan Daniels (ci). **Dreamstime.com:** Fabio Lamanna (bi); Debra Law (cib). **64-65 Alamy Stock Photo:** WaterFrame_dpr. **65 Alamy Stock Photo:** blickwinkel / McPHOTO / BIO (bd). **66 Alamy Stock Photo:** Adisha Pramod (bi). **Science Photo Library:** NOAA Okeanos Explorer Program, Galapagos Rift Expedition 2011 (ci). **67 Alamy Stock Photo:** Don Johnston_PL (cda). **68 Dreamstime.com:** Cowboy54 (cib); Feathercollector (ci). **Getty Images / iStock:** miralex (bi). **68-69 Alamy Stock Photo:** Reinhard Dirscherl. **69 Alamy Stock Photo:** Adrian Hepworth (sc). **Dreamstime.com:** Ecophoto (bc). **70 Dreamstime.com:** Vladimir Seliverstov (cda). **naturepl.com:** Jordi Chias (bd). **70-71 Pixabay:** (sc). **71 Dreamstime.com:** Musat Christian (bi); Ondřej Prosický (cia). **72 Alamy Stock Photo:** Artur Golbert (cb); Andrey Nekrasov (sd). **Dreamstime.com:** John Anderson (bi); Anthony Aneese Totah Jr (cdb); Seadam (cib). **72-73 naturepl.com:** Shane Gross (bc). **73 Alamy Stock Photo:** imageBROKER / Norbert Probst (si). **Dreamstime.com:** Isselee (ci); Daniel Poloha (sc); Joan Carles Juarez (c); Seadam (cb). **74 Alamy Stock Photo:** Barbara Ash (cdb). **Depositphotos Inc:** kostadive (cd). **Getty Images / iStock:** KGrif (cib). **naturepl.com:** Ralph Pace (cda). **Shutterstock.com:** Ethan Daniels (bd). **75 Dreamstime.com:** Kelpfish (ci). **naturepl.com:** DOC WHITE (cd). **76 Alamy Stock Photo:** Gerry McLaughlin (b). **Shutterstock.com:** FanyArt (s). **77 Getty Images / iStock:** Nigel Marsh. **78 Alamy Stock Photo:** Paul Fleet (c). **Dreamstime.com:** Derek Rogers (cib). **79 Alamy Stock Photo:** Nature Picture Library / David Tipling (c). **Dreamstime.com:** John Anderson (cd); Natallia Yatskova (ca); Mark Aplet (cda). **Science Photo Library:** Wim Van Egmond (sc). **80-81 Alamy Stock Photo:** Helmut Corneli. **82 Dreamstime.com:** Ethan Daniels (sd); Irko Van Der Heide (si). **83 Alamy Stock Photo:** imageBROKER / SeaTops (bc). **Dreamstime.com:** Jxpfeer (sd). **Shutterstock.com:** Kris Wiktor (si). **84-85 Alamy Stock Photo:** Biosphoto. **85 Dreamstime.com:** Gary Webber (bd). **86 Alamy Stock Photo:** Minden Pictures / Norbert Wu (bi); Nature Picture Library / David Shale (cib). **86-87 Alamy Stock Photo:** Pally. **87 Alamy Stock Photo:** Bluegreen Pictures / David Shale (bc). **88 Depositphotos Inc:** mic1805 (b). **88-89 Dreamstime.com:** Slowmotiongli (bc). **89 Alamy Stock Photo:** RooM the Agency / ronnisantoso (ca). **Dreamstime.com:** Pics516 (cia). **Getty Images / iStock:** vladoskan (b). **90 Alamy Stock Photo:** Poelzer Wolfgang (bi). **Dreamstime.com:** Rkpimages (cb). **91 Alamy Stock Photo:** Minden Pictures / Buiten-beeld / Wil Meinderts (si); Michael Patrick O'Neill (bd). **92 Alamy Stock Photo:** Norbert Wu / Minden Pictures (c). **naturepl.com:** David Shale (sc). **NOAA:** Office of Ocean Exploration and Research, Windows to the Deep 2019 (ci). **Science Photo Library:** British Antarctic Survey (cia). **93 Alamy Stock Photo:** Jane Gould (cd); Minden Pictures / Norbert Wu (cia). NOAA: (sc). **94 Alamy Stock Photo:** Biosphoto / Steven Kovacs (cda); WaterFrame_mus (cib). **Getty Images / iStock:** LUNAMARINA (bd). **94-95 Dreamstime.com:** Andreykuzmin (b). **naturepl.com:** Franco Banfi (cb). **95 Alamy Stock Photo:** Nature Picture Library (bi). **naturepl.com:** Chris & Monique Fallows (cdb). **96 Alamy Stock Photo:** blickwinkel / AGAMI / L. Steijn (bi). **96-97 Dreamstime.com:** Ig0rzh. **97 Alamy Stock Photo:** Steve Bloom Images / Pal Hermansen (sd). **Dreamstime.com:** Sergey Uryadnikov (sc). **98 Alamy Stock Photo:** David Fleetham. **99 Alamy Stock Photo:** Richard Eaker (sd); Pally (si). **Dreamstime.com:** Izanbar (bi). **Getty Images / iStock:** Nigel Marsh (sc). **100-101 Alamy Stock Photo:** David Chapman. **101 Alamy Stock Photo:** Gerry McLaughlin (bd). **102 Henk-Jan Hoving:** (cda). **103 Dreamstime.com:** Emoke Kupai (cia). **104 Alamy Stock Photo:** MichaelGrantWildlife (cdb); Pally (cib). **Shutterstock.com:** FanyArt (cb). **105 Alamy Stock Photo:** North Wind Picture Archives (bc). **106 Alamy Stock Photo:** Pally (s). **106-107 Alamy Stock Photo:** Anthony Pierce (bc). **Getty Images / iStock:** Androsov (s). **108 Alamy Stock Photo:** Georg Berg (sd); dpa picture alliance (si). **Dreamstime.com:** Jane1e (sc). **109 Alamy Stock Photo:** AB Forces News Collection (bc). **Dreamstime.com:** Svetlana Day (si); Denis Moskvinov (sc); Mr.siwabud Veerapaisarn (sd). **110 Alamy Stock Photo:** Pally (bi). **Dreamstime.com:** Daisuke Kurashima (cda). **111 Dreamstime.com:** Cohhuk (c); Ericsch (cb). **112 Alamy Stock Photo:** FLHC 3 (cd); Nature Picture Library / Michael Pitts (ci). **Getty Images / iStock:** Michael Zeigler (bi). **NASA:** LANCE / EOSDIS Rapid Response (bd). **113 Alamy Stock Photo:** AA Film Archive (ci). **Dreamstime.com:** Michalakis Ppalis (bd); Alexander Tolstykh (c). **naturepl.com:** Jeff Vanuga (bi). **Courtesy of U.S. Navy:** (cia). **114 Depositphotos Inc:** Pakhnyushchyy (cda). U.S. Geological Survey. 115 Courtesy of National Park Service, Lewis and Clark National Historic Trail. **116 Alamy Stock Photo:** Nature Picture Library / Enrique Lopez-Tapia (cd). **Shutterstock.com:** IgnacioFPV (bd). **116-117 Alamy Stock Photo:** Pally (sc). **117 Alamy Stock Photo:** Pally (cia). **Shutterstock.com:** Andriy Nekrasov (bi). **118-119 Dreamstime.com:** Dmytro Tolokonov. **119 Woods Hole Oceanographic Instititution:** (sd). **120 Depositphotos Inc:** Vojce (s). **Dreamstime.com:** Andrey Armyagov (cdb); Flyingrussian (cd). **121 Alamy Stock Photo:** Avalon.red / Oceans Image (ci); Pally (cib); Universal Images Group North America LLC / Encyclopaedia Britannica Inc. (bc). **Depositphotos Inc:** mic1805 (s). **123 Getty Images / iStock:** koto_feja (ca); Moorefam (cd). **125 Alamy Stock Photo:** Historic Images (cia). **126 Alamy Stock Photo:** PJF Military Collection (si). **Getty Images:** Alexis Rosenfeld (cda). **127 Alamy Stock Photo:** Suzanne Long (sc); Simon Price (ci). **NOAA:** (cdb). **129 Getty Images / iStock:** Rainer von Brandis (bi). **NASA:** NOAA (cd). **130 Alamy Stock Photo:** Joerg Boethling (cdb); Josie Elias (cb). **Getty Images / iStock:** Androsov (cib). **131 Alamy Stock Photo:** Anthony Pierce (cib). **Dreamstime.com:** Larisa Blinova (si); David Pereiras Villagra (cb). **Getty Images / iStock:** E+ / Moyo Studio (cdb). **132 naturepl.com:** Ralph Pace (cdb). **133 Alamy Stock Photo:** Barbara Ash (bi). **134 Dreamstime.com:** Ig0rzh (bi). **134-135 123RF.com:** Iakov Kalinin. **Alamy Stock Photo:** Robertharding / Michael Runkel (cb). **135 Alamy Stock Photo:** Arterra Picture Library / De Meester Johan (si); FLHC 3 (sd); BIOSPHOTO / Sylvain Cordier (ci); Jesse Rockwell (cb); WaterFrame_fba (b); Adisha Pramod (ca). **136 Alamy Stock Photo:** MasPix (ci). **Dreamstime.com:** Linda Bair (cdb); Tirrasa (cda). **136-137 123RF.com:** Iakov Kalinin. **Alamy Stock Photo:** Nature Photographers Ltd / Paul R. Sterry (sc). **Dreamstime.com:** Fonciw (ca). **137 Dreamstime.com:** Goldghost (sc). **NASA:** Goddard Modis Rapid Response Team (cda). **140 Dreamstime.com:** Derek Rogers (b). **141 Dreamstime.com:** Tirrasa (si)

Imágenes de las guardas: *Delanteras y traseras:* **Alamy Stock Photo:** Reinhard Dirscherl, Artur Golbert, Jane Gould, Jesse Rockwell; **Depositphotos Inc:** kostadive; **Dreamstime.com:** Allexxandar, Musat Christian, Ethan Daniels, Idreamphotos, Isselee, Daisuke Kurashima; **Getty Images / iStock:** Damocean; NOAA

Imágenes de la cubierta: *Cubierta frontal:* **Alamy Stock Photo:** Reinhard Dirscherl bi, Artur Golbert cib, Jesse Rockwell ca; **Depositphotos Inc:** kostadive cd; **Dreamstime.com:** Idreamphotos cia, Isselee cda; **Getty Images / iStock:** Damocean cb; *Contracubierta:* **Alamy Stock Photo:** Jane Gould bd; **Dreamstime.com:** Allexxandar, Musat Christian ci, Ethan Daniels c, Daisuke Kurashima cib; **Getty Images / iStock:** Damocean c/ (peces); **naturepl.com:** DOC WHITE cdb; NOAA: cb; *Lomo:* **Alamy Stock Photo:** Reinhard Dirscherl s.